本书为2022年湖南省职业教育教学改革研究项目“基于‘云平台’的课程教学评价改革研究与实践——以高职《全媒体新闻采写》课程为例”（课题编号：ZJGB2022514）的研究成果。

人工智能时代下的新闻生产与传播研究

廖艳琼　朱洲　曾理◎著

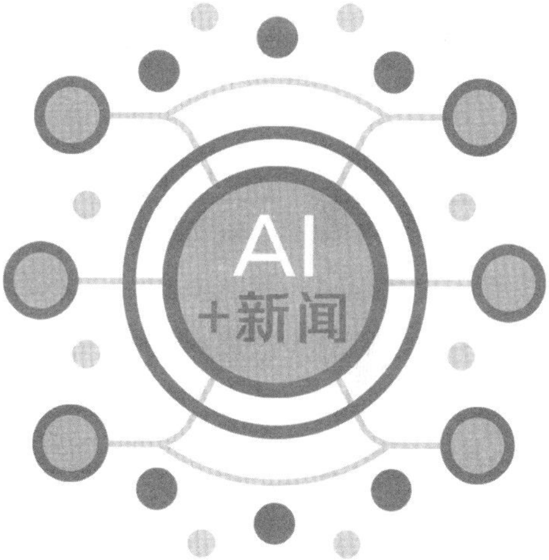

湖南科学技术出版社·长沙

前言

当前，人工智能、大数据、云计算、算法、第五代移动通信（5G）等技术席卷而来，强势进入传媒业，尤其是人工智能，以其技术优势实现了对内容生产—分发—消费—反馈价值链的全方位重塑。而在整个价值链中，内容生产作为起始环节，其重要地位不言而喻。进入人工智能时代，媒体通过建构一站式智能媒体融合系统，使传统的链条式新闻生产模式在很大程度上被解构，新闻生产的各个环节（素材采集、内容生产和产品输出）逐渐被人工智能所渗透，智能化的新闻生产模式正在成为主导趋势。由智能化技术支持下的数据新闻、视觉新闻、机器人新闻、传感器新闻、算法推荐新闻等诸多新闻形态不断涌现，为用户带来更为多元化的新闻体验。尤其是5G技术的降临，新闻生产速率得到空前提升，VR、AR技术的性能得到极大地释放，新闻场景化建构也因此得到广泛的重视，新闻“云生产”成为现实，新闻产品更是出现诸多新形态。不仅如此，高素质的全能型媒体人将受到更多的媒体的青睐，人机合作进行新闻生产已然成为大势所趋。

人工智能对新闻生产带来的突出影响有目共睹。以算法、机器学习等为核心的人工智能广泛应用于新闻业，不仅促进了传媒生态和传媒格局的变革，对新闻生产与分发工作也产生了一定的影响。各家传统主流媒体纷纷推出了自己的人工智能平台，比如新华社的“媒体大脑”、《人民日报》的“创作大脑”等。如今人工智能在数据新闻、知识图谱等强项上完成了全面覆盖，能够在新闻生产、分发等环节辅助记者进行新闻报道，同时对诸如舆情监测系统、选题策划等内容进行整合性的管理，更深层次地影响新闻记者的工作场景。

本书一共分为七章，基于新闻生产与传播相关基础理论，结合媒体人工智能的发展历程、发展趋势，探究人工智能在内容生产领域的应用。以智能传播为研究基点，探究人工智能在新闻业的应用，并进一步研究人工智能对新闻传播内容、新闻传播者、新闻媒介、新闻机构以及新闻用户的影响。本书在探索智能编辑部的革新与实践的同时，对人工智能发展的问题、挑战与展望加以思考。

湖南大众传媒职业技术学院　廖艳琼　朱洲　曾理

2023 年 10 月

CONTENTS 目录

第一章　新闻生产与传播概论

第一节　新闻与信息

一、信息是什么

当我们把新闻的本质理解为一种信息时，就需要对信息进行界定，以准确理解到底什么是新闻。

“信息”一词源自现代信息理论，其创始人是美国数学家、信息论的创始人克劳德·艾尔伍德·香农和美国数学家、信息论的创始人诺伯特·维纳。1948年，香农是美国电话电报公司贝尔实验室的研究员，他在研究了通信过程中信息的传递情形之后，发表了信息论奠基性论文《通信的数学理论》。香农指出，信息是“不确定程度减小的量”，是“两次不确定性之差”。“凡是在一种情况下能减少不确定性的任何事物都叫作信息”，所以信息常常被解释为“不确定性的减少”和“不确定性的消除”。在信息论中，信息是可以测定的，其单位是比特。

诺伯特·维纳则从控制与信息关系角度研究信息，把信息解释为人“同外部世界进行交换的东西”“信息就是人们去适应外部世界并且使这种适应反作用于外部世界的过程中，同外部世界进行交换的内容的名称”。即人们在社会实践中从外部世界获取信息，并利用获取的信息去控制、改造外部世界。

需要补充说明的是，香农在对电话线路理论的研究中，发现有噪声（N）时，通话信号（S）必受影响，于是通信信息就构成一个大致标准：S与N之比（比特率=S/N）。噪声（N）的特质其实是一种冗余度——无序程度、无组织程度，即“熵”。信息公示恰好与热力学熵的公式一样表征系统的无组织程度，由于信息是一种不确定性的消除，也就是说信息表征系统的有组织程度（可理解性），所以信息即“负熵”。

信息概念产生后，便衍生了各种理解。广义的信息是指所有对象在相互联系、相互作用的过程中呈现出来的各自的属性；一般意义上的信息是指与人类的认识过程和传播活动相关的知识的积累；狭义的信息是指能够消除受信者随机不确定性的东西。香农对信息的定义便是一种狭义的定义，是在通信范围内，从功能角度来对信息所下的定义。他将信息置于与物质、能量同等重要的地位，认为信息就是信息，它不是物质，也不是能量。这表明信息不仅存在于通信领域，而且在宇宙、社会中普遍存在。那么，应当怎样给信息下一个合适的定义呢?

我国信息论专家钟义信说，信息是“事物的运动状态以及关于事物运动状态的陈述”，即包括自然信息和人工信息。《中国大百科全书·新闻出版》对信息的解释是：“信息是事物运动状态的陈述；物与物、物与人、人与人之间的特征传输。新闻是信息的一种，是具有新闻价值的信息。”

概括而论，信息是物质的普遍属性。为什么是普遍属性呢，因为现代科技研究表明，凡是客观事物均由物质、能量、信息三位一体构成。物质是客观存在的东西，能量是指功能、做工的能力等，信息则是事物运动过程中的状态、属性以及事物间的关系的反映。由此可知，事物是以信息为媒介而相互发生联系和作用的。

二、信息的类型

信息的种类有很多，按照分类的方法不同，所产生的信息种类也会不一样。从新闻传播学的视角出发，信息可以分为三大类共九种。第一类：语法信息、语义信息和语用信息；第二类：事实性信息、意见性信息和情感性信息；第三类：告知性信息、指导性信息和娱乐性信息。

（一）从符号学的角度来看，信息可分为语法信息、语义信息和语用信息

语法信息、语义信息和语用信息是符号学的三种研究范畴，信息的表征需要用符号来依托，所以对于信息的分辨可以借助符号学的方式来进行。语法信息举例来说就是某些叙述事物活动现象的符号、编码的罗列组合，比如光、热等自然信息和语言、数字等人工信息。语义信息指的是语法信息对观察者所产生的一定的意义。比如说，颜色发生的改变，通过这些自然信息能够判别四季的交替变化和天气的改变。语用信息则指的是从信息接受者的视角出发，语法信息对于接受者的效用、价值和利益。比如苏轼的诗句“千里共婵娟”，对于相恋却又两地分离不能在一起的恋人来说，诗句所代表的含义不言而喻。

（二）从信息内容的性质角度来看，信息可分为事实性信息、意见性信息和情感性信息

事实性信息比较好理解，就是事物在客观条件下的真实反应，并能够据此做出准确、公正的报道，主要是关于“是什么”和“怎么样”的信息；意见性信息是在客观事物的基础之上所做出来的相关的判别、对前因后果的剖析和客观的选择，是着重关于“为什么”和“怎么办”的信息；情感性信息指的是人心理情绪上的感受以及精神状态真实而直观的表达和表述。

（三）从信息的功能角度来看，信息可分为告知性信息、指导性信息和娱乐性信息

告知性信息属于事实性信息，更加侧重通知的功效；指导性信息同时属于意见性信息，它为人们提供了理解现实、调整行为的依据和参照，可以帮助人们证实和调节共同活动、相互关系的原则，维护正常的社会秩序，所以它是具有指导功能的信息；娱乐性信息在事实上更偏重于告知性信息，它不用接受者去遵循什么，也不需要接受者证实什么，它只是给受众提供娱乐性的报道。

三、从新闻传播的角度看，信息所具有的基本特性

（一）新颖性

在西方的一些新闻学里，对于狗咬人这种事件认为不算什

么新闻，而如果发生了人咬狗那才能算得上是新闻。从这个事件上也能看出，新闻具有一定的新奇性和反常性这一特点。曾经新闻的这一特点被认为是资产阶级的新闻观念，是一种不正确的新闻观念，受到过坚决的否定和指责。如今大家已经能够察觉到，新奇性可以用来判别新闻的价值，并且这是一个关键的凭据。比如一个天天都可以看到的事件，那这就是一个相当平常、相当普遍的事件，这个事件也就不会有什么新闻价值。相反，如果某个事件平常根本看不到或者根本不会发生，是由于出现了一些特定的事情导致某个事件的发生，通常这类事件会更能博得人们的眼球，也就更有新闻价值。

（二）可传播性

一个事物在一定的时间和空间中的状况和特性是能够被人所察觉和掌握的，而且它还能够借力多种符号得到储存、表达和传播。而新闻传递的就是相关的客观事实的信息。

（三）中介性

信息并非就是客观事物的真实状态，只是我们以信息为媒介来感知事物变换的情况，从中能够掌握事物的特点，从这点上来看信息拥有中介性这个特征。在信息传播的高度发达的今天，信息的传播方式发生了巨大的变化，新闻已成为人们知悉这个世界和洞察世界的方式，而新闻里所报道的内容，已经成为人们认识客观世界的平台。

（四）共享性

信息和物质的不同之处在于，一个单一的物质无法做到分享，也就不能满足共享。但是信息不同，信息在传播的这个过程当中，它就可以被传播者与接受者所共享，乃至可以被千千万万的接受者所共享，而信息在共享之后并没有什么改变，更不会消失。

（五）可加工性

因为信息能够符号化，并且有传播的能力，而这也就代表着信息可以进行加工处理，将各种不一样的信息相加在一起可以产出新的信息。信息的扩充指的是信息在不断使用的情况下，数量和价值也会出现相应的增长，而且在经过相应的处理之后可以扩充为新的信息；信息的压缩指的是随着时间的变化、更替，信息有可能会被压缩、减损甚至消失不见。

信息在 20 世纪就已经实现了真正的胜利，这从三个方面可以体现：与政治相关联的新闻，与经济相关联的服务，与信息产业相关联的知识。总的来说，涵盖多种词义同时又有可以展开遐想的多种不精确性的信息，已成为当今时代的核心价值之一，它概括了所有的意义可能，从最伟大、最标准到最平凡，应有尽有。

在新闻传播的过程当中，多余且重复的信息会把那些有用的信息淹没，盲目追求新闻报道的时效性，而对新闻报道的深度不管不顾，这是我们不得不重视的问题。

四、新闻的本质是信息

（一）从信息的角度来理解新闻

新闻的本源是客观事实，新闻的本质是信息。那么，如何理解新闻的本质是信息呢？这需要我们把握以下几点。

1. 新闻是对客观事实信息的表征

所谓表征，就是指非守恒的特性，即从实物中摄出的又不丧失任何物质、能量，但能显示主客观事物的真实面貌。简而言之，表征是运用文字、图像等符号进行的信息储存、传播。既然如此，表征就不等于事物本身。同理，新闻信息不等于客观事实本身，而是对客观事实的信息化、符号化。

2. 新闻信息反映的是事物的差异性

差异是信息的基础，没有差异就没有信息。按系统论观点，任何事物只是整体中的一部分。系统与外部环境之间的关系，系统内部各子系统之间的关系，就是以信息为中介、为纽带而联系起来的。就这一点来说，信息的着眼点不在于事物固有的属性，而在于它与外界，以及它内部各部分之间的关系。

3. 新闻信息的价值存在于传播中

事实上，信息的概念是在对信息传输流程的研究中产生的。

香农把信息传输流程分为信源、信道、信宿三部分。信息转化为信号是由信源发出，经信道，为信宿所破译、接收的。信息只有在被信宿接收时才是有意义的。也就是说，信息只有在其消除不确定性的特性时才是有意义的。新闻信息要消除的是事物对于受众的不确定性，如果不传播就无法实现这一目的。例如，天气预报信息，只有经过传播为受众接收，并据此调整行为或准备应对措施，其信息价值才可实现。因此，我们说新闻信息的价值存在于传播中。

4. 新闻并不仅仅是信息

换句话说，新闻是信息，但不是所有的信息都是新闻。例如，不受他人关注的纯粹个人化的信息就不是新闻。信息成为新闻的必要前提是，在一定范围内人们都关心并想要获取的，即必须有一个共享的范围。这个范围越大，新闻价值就越高。虽然在传媒竞争日趋激烈的背景下，个人化的信息服务成为媒介竞争的重要手段，但新闻信息的共享性仍是新闻传播的关键。新闻信息服务强调对大多数共同群体的服务。没有普遍的需求，没有公众的关注，没有社会效应，就不是新闻。这点体现了信息和新闻的区别。

5. 新闻信息以事实性信息、告知性信息为主

我们已知信息分类的三种依据。如果根据信息的内容进行分类的话，可以将信息分为事实性信息、意见性信息以及情感性信息；如果根据功能进行分类的话，可以将信息分成告知性信息、指导性信息和娱乐性信息三种。所谓新闻，其主要的功能就是告知世界的最新情况，因此，从这两种不同的分类标准中不难看出，告知性信息以及事实性信息是新闻信息中最主要的表现形式。然而，这并不代表新闻就只包含上述两种形式。实际上，新闻中包含了大量指导性信息以及意见性信息，当然，也不缺少情感性信息和娱乐性信息。但是，只要我们坚持事实性信息、告知性信息在新闻信息中占据主要地位，那么信息一定会被大众所认可，一传十、十传百，这就构成了新闻信息。

（二）信息概念的新闻学价值

信息概念源自信息论，它很快被引入社会科学领域。在传播学诞生之初，信息概念便被引入了传播学领域。1949 年，香农与合作者沃伦·韦弗提出了一个关于信息传播的模式，如图 1－1 所示。这种模式称为香农-韦弗传播模式，它被引入传播学，成为一个基本的传播模式。

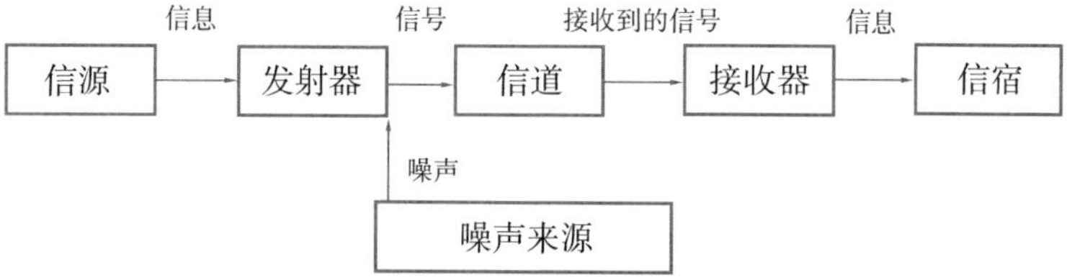

图 1－1　香农-韦弗传播模式

在我国，20 世纪 80 年代之后，信息概念被广泛应用于新闻传播中，这有着如下几个方面特殊的价值。

1. 有利于树立新闻资源观——明确新闻报道工作的内容

1984 年 9 月 19 日，邓小平为《经济参考报》题词“开发信息资源、服务四化建设”。这一题词厘清了信息开发与新闻报道的关系，明确了新闻报道的任务就是挖掘并传递信息，传播受众欲知而未知的信息，信息成为一种重要资源。

2. 有利于树立新闻信息服务观——明确新闻报道首要目的是提供信息服务

既然新闻报道的实质内容是传播信息，那么信息服务功能就应当是新闻工作的首要功能，这就转变了过去将新闻的首要功能视为宣传的做法，让新闻回归到它本来的社会功能上来。

3. 有利于树立新闻信息计量观——明确质量标准

前面谈到，信息可分为语法信息（包括信息载体、编码技术等）、语义信息（信息内容，即符码所表达的定义）和语用信息，新闻信息计量却只记载有形的信息载体（语法信息）方面的内容，而不顾信息内容。新闻信息量的计量通常指两方面：一方面，新闻条数越多，信息量越大；另一方面，每条新闻所含的单元事实越多，信息量越大。

除信息量外，新闻信息计量还涉及一个更为重要的问题，即信息质量，也就是新闻价值问题。

第二节　传统新闻生产流程

新闻是不是商品？这个问题争论了很多年。马克思在《资本论》第一卷中说："商品首先是一个外界的对象，一个靠自己的属性来满足人的某种需要的物。""要成为商品，这个生产物必须由交换移转到把它当作使用价值来使用的人手里。"这样来看，新闻是由于满足社会的需要而产生的。无论是报纸、广播、电视，还是网络等新媒体，人们都是需要花钱才能得到所需要的信息，可见新闻在这个意义上是可以成为商品的，新闻这一商品不同于普通意义上的商品，它有两种情况：一种情况是实物形式，如书籍、乐谱、报刊等；另一种情况是作为劳动的结果与劳动过程同时存在的，例如电视和广播等。随着科学技术的进步，后一种商品也可以转化成前一种商品。承认新闻的商品性，然后我们再来谈新闻的生产。

新闻是商品还是产品？产品和商品有什么区别？产品是以生产者为主导的，而商品是以消费者为主导的。艺术家创作的是作品。新闻记者不大可能像艺术家那样写新闻，也不应该像商人那样唯利是图。过去的新闻像产品，今天的新闻像商品。总的来看，新闻不应该是作品，新闻是有商品属性的产品。

在西方经济学中，生产的定义是将投入转化为产出的活动，或是将生产要素进行组合以制造产品的活动。

从宏观上来看，封建社会末期，随着资本主义的萌芽，新闻事业开始诞生，并逐渐走向职业化、产业化的发展道路。当新闻事业形成了一个独立的行业之后，新闻的制作过程就有了生产的性质。随着全球传媒商业化、市场化、产业化的步伐不断加快，传媒更具有工业生产的特征，生产者按照"新闻标准"生产出"新闻商品"，受众则是生产流水线末端的消费者。

那么，新闻生产的是观念吗？理论上说，新闻并不生产完整的知识，也不生产思想，它更多生产的是规范和意义。新闻生产的方式似乎并不排斥现今流行的碎片化传播。表面上看，新闻生产的是信息，但是深入地看，新闻生产的是一种社会秩序。如果从新闻生产的历史来看，我们的重心似乎已经发生了转移，从生产传播到消费传播，从阶级斗争到经济建设，从计划经济到市场经济，从生产到消费的重心转移以后，传播模式也随之转移。在生产传播语境内，生产者是主角，工人和农民是典型人物，在生产过程中提倡节约；而在消费传播语境内，消费者变成了主角，商人和精英更多出现在媒体的视野，奢侈品逐渐变成了成功的符号。

再来看看新闻生产的周期，有一个疑问，新闻的生产周期今天是在加快吗？有网络以后，这种周期的加快是比较明显的。这里说的新闻生产周期不是指媒体单纯把新闻报道出来，而是包括了读者反馈，媒体和大众共同完成了这种生产。过去一个周期是很缓慢的，现在通过话题的引领速度是非常快的。与其说大家都是记者，不如说都是参与者。

接下来就要谈到，舆论能被生产出来吗？我们可以看到有人提到舆论生产的概念。舆论引导目前是常用概念。问题是，舆论能被消费吗，舆论本身是天然的生态，还是能被生产出来的？虽然网络推手对网络舆论有一些影响，但是很难说网络舆论就是可控的，况且网络舆论只是社会舆论的一部分。如果舆论可以生产，那么谁是舆论的生产者呢？

一、传统新闻生产的主体

假如把新闻产生的过程看作是产业链的话，那么在产业链端，记者、编辑不仅是生产新闻作品的具体工种，而是已上升为产业主体的意义。从产业意义上来阐述新闻生产的主体，这有利于从宏观的角度来整理新闻产生和传输的经过。

在人类社会发展的早期，就已经有了新闻传播行为，只不过在那时候传播的方法主要是以口口相传，在传播的手段上相当简易。随着时代的不断发展和进步，文字的出现使人们结束了口口相传的时代，新闻的传播从此进入了新的时代。而到了奴隶社会时期，新闻的传播除了口头和文字的传达还有信号，形成了三种传播方式。在封建社会时期，又增加了书信形式、布告形式等多种形式的传播方式。可以看出，纵观古今，放眼寰宇，新闻行为一直存在，从未终止过。但与近现代的新闻生产和传播活动相比较的话，可以看出，在古代新闻的基本活动都被统治阶级所把持，从未出现以新闻为职业的机构，这种现象直到封建社会过渡到资本主义社会后才结束，从此最早的新闻业就诞生了。

（一）专业新闻机构

随着近代新闻事业的产生，新闻传播活动逐渐成为一种稳定的社会职业，作为新闻传播过程始端的新闻生产主体开始形成有组织的专业机构。传统的专业新闻生产机构主要由通讯社、报社、电视台、电台等组成。机构内部有专业的部门分类，有专职记者、编辑等工作人员负责对口工作，新闻生产的过程遵循特定的工作流程。

继传统媒体之后，新闻网站成为新闻生产队伍中空前庞大的一支。新闻网站主要包括传统媒体所办的网站，以传播新闻为主，同时提供各类信息服务，如人民网、凤凰网、新华网；文化公司、信息公司开办的大型门户网站，如新浪网、搜狐网。这些新闻网站尤其是新浪网、搜狐网等门户网站，由于需要海量的信息内容做支撑，所以其大部分新闻作品来源于其他媒体，由编辑进行二次加工后发表。2000 年 10 月 8 日，我国颁布实施了《互联网站从事登载新闻业务管理暂行规定》，对网络新闻内容的发布进行了规范，使商业网站在进行新闻传播活动时有所制约。

（二）自媒体

随着互联网及移动终端技术的发展，微博、博客等新的传播方式备受用户青睐，新闻传播进入自媒体时代。自媒体依托网络这片充满着无限潜力的土壤而蓬勃发展，尤其是伴随着博客、微博、微信的出现而发展，“人人皆记者”“人人皆媒体”

的自媒体形式呈燎原之势迅猛发展。自媒体具有高度私人化、平民化、自主化的特点，呈现出基数爆炸式增长、表现形式日益多样化的趋势。自媒体是相对于传统媒体概念提出来的，综合学术界和业界普遍认同的关于自媒体的说法，“自媒体也叫个人媒体”，特指以普泛化和自主化为特征的草根网民，以简易的电子化手段和数码技术为支撑，在私人的独立空间内，不需要经过专业编辑的过滤，向特定或不特定的个人或群体传递和分享新闻信息或非新闻信息的新型媒体的总称。有别于传统的专业媒体机构创办时有严格的审查制度、播出制作制度、专业的从业者以及明确的受众群体，自媒体的构成相对简单，往往由个人和介质平台（博客或微博等）的简单组合就可完成信息的制作与传播，大量的自发性个体都是自行发布信息。如果说传统媒体属于上层建筑，那么自媒体就更多体现了“草根”属性。由于其进入门槛低，操作运作简单，顺其自然地成了由普通大众主导的信息传播活动。在自媒体中，平民大众获得了话语权，个体声音得到充分释放，以往由专业媒体机构进行议程设置的传播格局被打破，新闻传播的接受者一改被动接收的局面而成为新闻的生产者。

（三）新闻生产主体的全媒介化

全媒介化的新闻生产不单是指传统媒体机构将新闻位移到互联网等其他媒体上（比如报纸所办的电子版），更体现在新闻机构跨媒介的产权融合和不同新闻机构间内容的共享。大型媒介集团在纵向和横向上整合资源，同一资源在不同媒介或渠道上再生产或再目的化，就是全媒介化的一种表现。具体来说，我们可以从三个层次来理解媒介融合。第一层次是媒体战术性融合（convergence of media tactics），主要指传统媒体与新媒体之间在内容和营销领域的互动与合作，这是媒介融合最初的形态，但还未实现全媒介化。第二层次是媒体组织结构性融合（structural convergence of media organization），主要指各种不同类型的大众媒介通过并购等方式，从各自独立经营转向多种媒介联合运作，尤其是在新闻信息采集发布上联合行动，改变同一集团内部不同形式的媒体机构间各自为营、资源重复使用的状况。在组织构架上，全媒体新闻中心或大新闻中心蔚然成风，这样就能有效整合和利用各种媒介展示新闻事实。第三层次是媒介的数字化大融合，即不同媒介形态集中到一个多媒体数字平台上。多媒体数字平台将报纸、广播、电视、电脑、手机等信息终端的功能和特点汇聚一体，成为新的信息接收终端。例如，电视与网络相连，接收和储存数字化内容，真正实现媒体机构的全媒介化。

新闻生产主体的全媒介化对机构内部从业人员也提出了更高的要求，全媒介型人才成为新闻界的呼唤对象。有学者指出，未来新闻机构将呈现出五个特征："灵活的工作流程；网络化的制度体系；对新闻事实有效性的反思，包括如何基于新的工作流程来收集、评价新闻事实；规模更小但从事的业务更广泛；受数字订阅、网络广告和基于社交媒体的发行策略、基金支持、政府补贴等因素的影响，而形成新的从业规范。"在新的从业规范的制约下，新闻从业人员不仅要能运用多媒介融合技能采集新闻信息，也要懂得利用各种媒介符号进行新闻内容的制作展现。这不仅是对个人专业素养的提升，也是推动新闻生产和传播活动发展的必然趋势。

二、传统新闻生产的过程

新闻机构取得新闻来源就是新闻生产过程的开始。新闻在来源上又可以分为狭义的新闻来源和广义的新闻来源。狭义的新闻来源一般是指新闻事实的提供者；广义的新闻来源指的是提供新闻报道的途径（读者、听众、记者采访等）和新闻中事实的提供者的总称。而我们现在将主要讨论广义的新闻来源。广义的新闻来源又包含了新闻线索，新闻线索一般是指新闻事实出现时的端倪和预兆，新闻发现的前兆，是新闻来源的范围。

有这么一个奇怪的问题，新闻生产是不是专业的生产，在当下对新闻专业化的倡议越来越多，媒介素养这一方面也被更多的人所关注。随之而来产生的问题是，新闻记者是专业的但是新闻的受众者却不一定都是专业的。新闻是由专业的工作人员，通过后续制作而形成的产品，而它的本身并不具备专业性。所以，我们无法要求新闻的读者或者受众者能够像新闻工作者那样专业。

（一）获取新闻来源

新闻来源的取得有很多途径，具体来说有以下几种。

党和政府部门举办的新闻发布会：新闻发布会可以说是取得新闻来源最简便和快捷的方式，新闻机构可以直接获得新闻事实和有关问题的答复。

媒体记者的新闻敏感：记者凭借对新闻的敏感性，从日常的生活中和突发的新闻事件中寻找并收集新闻线索。新闻记者须拥有特殊的敏感力与洞察力，不断挖掘新闻的价值，对未来发生的事物要有预见性，甚至能够准确地预判新闻。

利用网络新闻来源：在传统新闻生产中，新闻来源主要包括部门领导指派、条线联络人、通讯员、与其他媒体或同行交流、专业报料人及报料热线、扫街（在街上抓拍）或生活中的发现等。受地域和人员的限制，其所获取的新闻线索往往有限。随着互联网的不断发展，许多记者开始从网络平台寻找新闻线索，尤其是抖音、微信、微博等网络社交平台，成为记者主要的线索来源。

受众提供：接受者参与新闻传播活动的一个重要方式就是为媒体提供新闻线索。媒体对受众提供新闻线索的重视，通常会鼓舞他们积极与媒体沟通、提供新闻线索。

（二）获取新闻内容

获取新闻内容一般指的是新闻采访，新闻采访是指在取得新闻来源之后，对新闻事实进行更深层次的访问和侦查，并进行一定的思考和梳理，从而收集具有一定传播价值的真实资料，为新闻产品的下一步制作提供基础。从新闻传播活动的发展史来看，人类新闻传播活动的起点一直都是采访。

新闻采访虽然是新闻生产过程当中的一步，但同时也能以另一种形式出现，比如在新闻直播中，采访的全过程直接随着直播播出，而内容就是记者所进行采访的过程。直播中采访的形式是集采写、编辑、播出为一体的新闻传播活动，这就要求记者要有过硬的综合专业能力。

1. 筛选信息

在新闻写作过程中的关键一环就是筛选信息，包含了归纳、剖析、校对获得的新闻资料。归纳新闻资料包含对新闻背景信息、采访记录、音频影像、心得记录等信息的整理，目别汇分。在此过程中的关键是对整个新闻事件的认知：剖析新闻资料的新闻价值，对新闻资讯进行断舍离（把那些不必需、不合适、过时的东西统统断绝、舍弃，并切断对它们的眷恋），找到资讯的内在联系，精挑细选，抉择哪些新闻素材能够被采用，哪些需要被丢弃；最终的新闻资料的校对就是针对采访过程中不清晰的地方予以核实证明，防止在新闻中出现任何不真实的消息，特殊情况下可以再一次进行采访以便于增强新闻的真实性。

2. 将内容产品化

对挑选好的新闻资源进一步采取产品化措施，涵盖了内容的策划以及文本的组织。内容的策划指的是决定新闻以什么样的文本形式实施，按照纸质媒体的分类标准划分，包含长短消息、资讯、观点以及特写等；按照电子媒体的分类标准划分，包含消息报道、点评以及专题片等，还包括现场直播和录播等方式。文本的组织指的是新闻稿子的“写作”，在进行写作时应该按照不同媒体的传播特征，比如报纸注重时效性以及内容的精深，注重书面语的表达，还需要涉及报纸的限制慎重决定版面大小，稿件的种类重点分布在消息、资讯以及点评方面；广播在时效性方面的重视程度还要高于报纸，由于广播需要借助声音来传播，因此广播稿件侧重于口语化，简洁明了，使其更加贴近日常生活，稿件的种类一般和报纸并无差别；电视的优点是声画同步，不仅需要拥有广播稿的写作特征，还需要主要画面、文本、图片以及音频的相互配合；将传统媒体新闻写作进行融合之后就属于网络新媒体的新闻写作，它还包括文字、图片、声音、影像等要素，并且其新闻写作个性化也代表了对用户个性化服务方面的重视程度。

（三）编辑新闻内容

新闻编辑是指现代新闻机构中从事新闻媒介产品生产过程中的决策、组织、选择、加工、设计、制作等专业性工作的总称。作为现代新闻机构中的新闻编辑，按媒体类别来划分，它可分为报纸编辑、新闻期刊编辑、广播新闻编辑、电视新闻编辑、网络新闻编辑等。按照现在新媒体的发展模式，新闻编辑还应该包括网络新闻之外新媒体的新闻编辑等。

1. 新闻报道的策划

在前期的策划中编前会制度是关键的一步，编前会在最初的时候指每期报纸在出版前，由报社领导人主持，编辑部各部门负责人等参加的确立和协调版面的会议，而现在的编前会制度已经普遍运用到各类新闻媒体的前期编辑工作中。以中央电视台的编前会制度举例，中央电视台副总编辑孙玉胜的作品《十年》中介绍，从 2000 年起，中央电视台新闻中心就已经创立了选题管理系统，一条新闻到底有没有采访的价值，除了记者个人要进行一定的判别外，还应该由编委会来进行判断。从这时候起，新闻中心将选题放入新闻流程的第一个环节的管理范围。目前为止，新闻中心每天要召开三次编前会，时间分别是上午 9 点、下午 2 点和晚上 8 点，在编前会上要对各个部门的新闻选题进行集中处理，并做出相应的规定，像突发性的新闻可以临时报送，除此之外，没有得到编委会通过的选题以及没有申报的选题都不能播出。同时，新闻中心每周一都要进行一次选题策划会，对记者们呈报上来的选题能够从采集制作的角度以及节目创意等领域进行一定的讨论和规划。

2. 新闻编辑的流程

在新闻的选题确定之后，新闻编辑便把主要工作放在对新闻后期的编辑中，主要是对新闻搜集、写作的再制作，是新闻生产这一过程的最后把关。传统的报纸编辑的过程是：确定编辑方针→设计报纸风格和版面→选题→组稿→审稿→修改制作→配置新闻稿件→排版→校对→签发。传统的广播电视等电子媒体编辑工作流程是：频道风格和栏目设计→策划→组织节目→选题→加工素材→编排节目→审查修改节目→播出监控。

在互联网的时代背景下，这种传统的编辑模式早已发生了改变，如今的新闻编辑模式是一个多元互动的模式。在媒体融合的前提下，多种媒体的编辑整合在一起，多元互动已经是必不可少的。

三、传统新闻生产的把关

“把关”是传播学的一大范畴，卢因首次提出“把关人”概念。他在《群体生活的渠道》一文中指出，群体传播过程中存在一些把关人，只有符合群体规范或把关人价值标准的信息内容才能进入传播渠道。在新闻生产和传播活动中，从广义上来说，“把关人”指“所有从事信息传播工作的人，他们通过对信息的处理、编码，控制新闻渠道的进出阀门，决定信息传播的内容”。

在整个新闻生产过程中，把关行为主要体现在以下几个层次。

政治把关：主要指政府机关尤其是新闻宣传领导部门根据党和国家大政方针政策和社会主流意识形态取向对各新闻单位实施的监管，包括对新闻机构建立的批准与否，新闻从业人员的社会行为监督，新闻作品的审查以及新闻传播效果的把控等各方面。

新闻机构自管：新闻机构内部的把关主要指媒介自律，即新闻从业人员都要遵循所在媒体的价值导向及编辑方针。具体来说，有记者对新闻事实的把关、编辑对新闻文本的把关等。通过层层把关，新闻机构得以规避虚假、错误、片面等背离传播价值的新闻作品。

受众监督：新闻传播过程中，受众有权对媒介的行为进行批评监督。尤其在新媒体时代，受众参与传播活动的方式越来越便捷，受众行使监督权的意识也逐渐增强，新闻传播过程的每一个环节都将受到受众的监督。“通过监督，可以帮助媒体矫正错误，更好地执行其环境监测、社会协调、社会遗产传承和娱乐功能。”

扭转新闻把关弱化和缺失的局面，不仅要呼吁新闻专业主义和新闻立法，更需要受众自身素质的提高。在传统的大众媒介中，把关人多是媒介机构中的成员，具有专业素质，这样才能实现和形成媒介价值观和伦理观。但是在网络媒介中，除了少数的专业人员之外，大多是以网民身份存在的把关人。“过去是按照专业主义原则来生产新闻，而今天，社会化媒体的兴起，使公民新闻、草根新闻空前活跃，新闻与非新闻的边界容易模糊甚至混为一体，新闻的‘把关’不再是组织控制的过程，而是在传播过程中由记者和公众共同参与、逐步辨析的过程。”因此，就更需要网络受众提高自身把关人的素质，具有对虚假信息的质疑精神和抵制谣言制造者的权利意识，充分发挥舆论监督的作用。

四、传统新闻生产中的接受者

当新闻能够成为作品化的商品时，从这个角度来说，新闻单向传播是指新闻经过各种媒体的传播到达了接受者那里的过程。

有人说过传播过程是无止境的，应用到新闻传播上也是一样的。新闻的传播是一个双向互动的过程，因为会有接受者对其回馈的流程。简而言之，即新闻信息源→新闻传播主体→新闻传播媒介→新闻接受者。

（一）新闻传播的流程

不管是传统媒体还是新兴媒体，新闻生产到最后的目的一定是成为产品，而且能够被受众发现并且触发受众购买的行为。在现代网络技术高速发展的状态下，网络通过自身的复制、转载功能将新闻进行再传播。

从微观的视角上来看，以报纸的传播举例，报纸既可以作为媒介也可以作为新闻产品最终进行销售，报纸销售的环节包括确定发行量→印刷出版→确定派送范围（包括赠送和试发行的范围）→联系派送地、邮局、运送单位→试发行→获得试发行报纸的反馈→研究反馈情况（重新确定发行量和发行范围）→定价发行。报刊具有鲜明的二次购买逻辑，其意思就是读者第一次进行购买时买的是发行，而第二次再进行购买时买的是广告，广告商能够投入广告，是因为从中看到了读者的二次购买。第二次购买也是一种潜在的购买。

（二）新闻接受者的反馈

新闻接受者也就是接受新闻的一方，在新闻学中称为受众，又或者说是新闻的受者、收受者、阅听人，简单来说是新闻在传递时另一侧的读者、听众或者是观众的统称，也是新闻信息传播的最终点。新闻接受者既是新闻生产过程中的最终点，也是新闻生产最终的评价人。

受众意识，指的是对不同的新闻媒体来说，新闻的传播者在新闻生产的每个步骤里，都应该时时刻刻想着受众。以受众的喜好要求来进行新闻的选择，并根据受众的需求来进行相应的制作，受众对新闻产品进行的反馈能够及时进行处理并改正。新闻传播这种方式早已不是接受者取得信息的唯一方式了，相信新闻传播者也能感受得到，新闻接受者获取信息的愿望在其他地方一样可以得到满足。所以新闻生产者要时刻从受众意识出发，如果对受众的需求忽略不顾，那么长此以往受众就会将其遗忘在角落里，当然受众也会去寻找其他能够满足信息欲的地方。

在整个新闻的生产流程里，反馈是最重要的关键步骤，反馈对完整的新闻生产行为来说有相当重要的指导性，它所代表的是新闻生产的主体与接受者二者之间的互动，反馈既可以是鼓励，也可以是推进，但同时反馈也是一种限制。反馈信息的出处与取得一般有这几种：第一种是接受者主动地反馈自己的想法、看法等；第二种是新闻传播在进行的过程中，媒体与有关部门工作者对此行为进行监管与评估；第三种是相关的学术研究组织对新闻传播活动的剖析和点评；第四种是新闻媒体自己运用一定的技术方法取得的反馈信息。

第三节　传统新闻传播模型

任何事物的产生都需要经历一个过程，这个过程可长可短，参与进去的因素可多可少，正是这些因素构建的过程造就了一件事物的产生。传播也不例外，它同样需要经历一个过程才能得以实现。那么何为传播过程，新闻传播可通过哪些渠道实现，它的实现又经历了一个怎样的过程呢？

一、传统新闻传播的实现

新闻传播的实现重在“传播”二字，它强调的是传播的实现，而传播的内容是新闻。新闻工作者从新闻采集到加工制作，仅仅是完成了一则新闻的生产，并不代表新闻传播就实现了。拉斯韦尔曾提出著名的“5W”学说，指出了传播的五个要素：传播者、传播内容、传播媒介、受众和反馈。由此我们可以看出，一则新闻起码要到达受众那里才算是实现了传播，而最快、最便捷地收到反馈，达到与受众的互动，则是众多媒体仍在追求的目标。

“传播”这个词对应于英文中的“Communication”，有信息传递、互动交流以及通信等含义。国内外对于传播的定义众说纷纭，在国内较为权威的是由郭庆光教授提出的：“所谓传播，即社会信息的传递或社会信息系统的运行。”从传播的角度来看，社会信息是指人类社会再生产和交往活动中所交流或交换的信息，即除人的生物信息和生理信息以外的、与人类的社会活动有关的一切信息。

人的生存发展与社会信息的传播紧密联系。现代社会已经发展成为一个结构复杂、内容庞大的社群组织，为了提高传播的效率，社会信息不能盲目地、杂乱无章地传递，而是要根据供需关系和社会整体结构进行合理适量地配置，将不同类型的新闻通过适宜的渠道准确传递到目标受众。由此新闻独立于社会信息形成自身的结构系统。

首先，新闻传播概念澄清了信息传播源，范长江这样对新闻下定义："新闻就是广大群众欲知、应知而未知的重要事实。"此定义将有传播意义的信息从庞杂的社会信息中提取出来，对新闻的真实性、时效性、可读性等特征的总结归纳统一了标准，规范了行业，提高了受众对新闻的辨识度。其次，为了将标准化的信息（新闻）高效有序地配置到社会生产中，新闻传播系统在其自己的发展过程中逐步完善，直至形成一个高度产业化、专业化、集约化的产业链，通过不同的社会和受众需求生发出适宜的传播内容和渠道。从宏观来看，国家对传媒资产、所有权、监督权的掌控等保证了一套符合全体人民发展利益的话语系统。对不同媒介形态在社会中所占比例的控制，促进传媒和其他社会产业的融合升级，尽可能减少信息拥塞和过剩，让新闻传播的效果达到最大化。从微观来看，在自上而下的单向传播链条中发展出一套补充性的传播系统。如新媒体的兴起，给予民众自己发声的资源和渠道，达到宏观和微观的平衡，完善社会信息传播结构，满足人类发展需求。

总之，新闻传播是信息传播的一部分，是为了最大限度地发挥传播对人类发展的意义应运而生的一套社会生产系统。它发展出一整套意义符号，规定了一整套传播流程，并创造了一个全新的信息产业。

二、传统新闻传播实现的渠道

（一）传播过程

一则新闻传播究竟经历了什么过程？这个过程是一成不变的，还是多种多样的？我们知道，新闻传播过程其实就是一则新闻从采集到加工制作、传播、接收，乃至反馈所经历的过程。

（二）传播渠道

社会信息是人类在社会交往中所传递的内容，是人类生存发展中必须具备的知识和意义。它传递的途径多种多样，伴随着传播方式的革新，社会形态的变更，传播路径从自我传播到人际传播，从集群传播发展到大规模集约化的社会传播，形成了自我传播、人际传播、组织传播、群体传播和大众传播等几种基本的传播路径。

但对这几种传播类型的研究不仅只是新闻传播活动，同样包括人类其他的传播活动。李良荣曾指出新闻传播学和传播学的三个区别，其中有一点是，传播学是研究人类传播行为、活动及其规律的学科，它除了研究人类的新闻传播活动之外，还研究人类的一切传播活动。而我们所要研究的是新闻通过这几种传播渠道传送给受众的过程，那么每种类型的传播在传播新闻的时候所经历的过程是一样的吗？下面我们就以这五种类型为基准，来探讨一下它们与新闻传播之间的关系。

1. 自我传播

自我传播是指个体看到社会上发生的某一事件、某一现象，由最初的主观印象到深入理解，通过表征理解内涵，思考其意义并做出自己的判断，最后将反馈付诸实践。这是信息在内部的传递过程。

自我传播传播者与接受者一体化，不需要传播媒介。个人通过实践获取经验，经过自我内部对信息的传递和处理，将其应用到新的实践当中，从而完成传播的循环。

在完整的新闻传播流程中，信息从发出到接收的完成必须抵达受众。只有受者对传播者的信息进行个性化解读后，才算一次成功的信息传播。而自我传播是解读信息必不可少的途径，即存在于每一种传播路径的末端。自我传播对外在信息的理解离不开受者自身的知识结构和价值体系，渠道中不同的媒介形态也会影响传播效果，例如纸媒传递信息更精准，富有逻辑性，对文字的理解需要一定的知识素养，传播偏精英化。而广播和电视媒体通过声音或画面传递的信息对感官的作用更加全面，更容易理解，着重于情绪的传递，受众更加广泛。两种不同媒介的自我传播效果是截然不同的。

2. 人际传播

人际传播是人和人之间，或两个人与另一个人之间的信息传递行为，与自我传播相比，人际传播有着明显的社会特点。首先，人际传播主要以二者之间的相互交流为目标，传播既有针对性又有客体性，期望得到回馈，重视与人之间的交流互动；其次，客体性社会交流理论指出，在一定基础上，符号含义的互换有一个先决的条件，那就是互换双方需要有一个共享空间。在人际传播中，传递的双方都需要对语言、文字等方面达成共识，而这完整的符号的意义是在社会化发展过程中不断发展和完善的。

在新媒体时代，人际传播完美展现出在亲密性与自主性方面的特征，让传统新闻的制作更加简易，像网络的自媒体，制作快捷、传播范围广、内容独特、形态亲和，使主流媒体变得更加完善，充实了语言领域。

3. 组织传播

组织传播包含内部组织传播和外部组织传播，详细来讲，组织内的成员、组织内部和组织外部环境之间进行的交换信息主要依靠组织传播。

组织传播虽然是小组织的大型交流，但它有具体的目标，能够做到更有针对性和及时性地反馈。传统组织传播需要依靠机构和企业等平台进行内部组织交流，不仅要通过大众新闻信息传播的外部信息对自身内部构造做出整改，还要将信息传播出去，在允许的范畴内将某一种群体的理念传达出去，从而达到自己的目的。和大众传播相比从上到下的宣传态势，组织传播更倾向于不被强迫的方式去进行传播。比如现代企业的品牌营销理念和利用粉丝对明星的喜爱达到营销的目的。

4. 群体传播

群体传播是指居住在相同区域或出于某种原因聚在一起并遵循群体意识准则的一种传播。

每一个人都生活在一个群体当中，我们也可以属于不同种类的群体，它既可以在现实生活中真正存在，也可以通过虚拟网络空间去构建。但是不管是虚拟还是现实，既然身在这个群体当中，都需要具有群体共同意识，严格遵守集体的相关准则。

网络群体性传播为自媒体时代也提供了一个更好、更全新的解释，即受众不仅仅是受众，也可以以传播者的身份去发布各种信息新闻。

以人民网舆情监测室2022年发布的《中国互联网舆情分析报告》中两件网络社会热点事件为研究样本进行观察。有网友2月13日爆料称：星巴克重庆磁器口后街店员工因执勤民警在门口吃饭“影响品牌形象”，驱赶并投诉了当事执勤民警。14日，“星巴克驱赶执勤民警”在微博引发热议。3月21日，话题“螺蛳粉酸豆角”登上全国热搜第一。话题内，一张工人脚踩酸豆角的图片引发网民热议，在舆论场中形成较大反响。

网友随手一拍都可以通过微博将身边的大大小小的事情发布到网上，甚至可以引起轩然大波。这些事件的迅速发酵主要是通过话题进行传播（跟帖或转发），然后造成社会影响，形成社会共识。因而可知，从某种意义上来说，团体扩散对某些事件的处理起到了一定作用，但是随着受众群体的两面性，大众媒体的传播途径面临着巨大的挑战。

5. 大众传播

从自我传播到大众传播类型的形成，一是由于社会化进程加快，交通、经济的发展等因素缩短了人与人之间的地域和心理距离，社会整体传播参与人数增加，社会形态演变，社会结构复杂化，导致了不同的话语体系、不同的社会层级需要不同的传播路径满足自身需要；二是因为科技的发展促进了媒介形态的发展，从语言、图案到文字符号，再到声讯和视频图像，信息载体和媒介形式功能大幅拓展，信息传递时空疆域大幅拓宽，满足了各类规模传播途径的技术需求。

从传播参与者的人数来看，自我传播和大众传播分属两端。自我传播和人际传播参与者人数较少，信息个性化、自由化、互动化，更有利于表达真情实感，满足个人的信息和情感交流欲望。大众传播为达成群体目标，信息共性强，具有强迫性，传播渠道单一，更有利于组织或体制的正常运作，保证大规模群体生活的稳定。

麦克卢汉早就预言了“地球村”的到来，传播疆域从未像现在这样规模宏大，传播个体之间从未像今天这样联系紧密。在现代传播社会中，任何一种传播路径都不是单一存在的。就个人而言，通过传统大型媒体接收新闻报道、影像资料的同时，还吸收着学校或公司、家庭、社会团体等各种群体组织的讯息。在解读的过程中，我们并没有完全按照传播者的意图接收意义，而是根据自身经验和偏好进行个性化的解读。就某个组织而言，内向传播和外向传播分别担负着调整内部结构和塑造外部形象的功能，正式渠道传播保证组织内部政令畅通，非正式渠道担负着人际传播功能，调整组织内部矛盾。不同传播类型互为渠道、互相包含，各自独立又相互联系，从而形成整个社会宏大的信息传播系统。

三、传统新闻传播过程模式

新闻的传播基础是人与人之间的互动关系，而在这种互动关系中完成一次信息传播，需要包含以下五个部分：传播者、讯息、媒介、受传者、反馈。但是具体的传播流程是什么样的呢？信息在传播方向上有什么规律吗？以及传播在社会系统中承担着怎样的任务呢？下面我们来进行详细的介绍。

（一）何为传播模式

在传播学领域中，学者常用模式来展现传播过程，模式即科学研究中以图形或者程式来阐述研究对象的一种方式，英国传播学家丹尼斯·麦奎尔及其助手曾为模式下过定义，他认为模式主要是用图像的形式来阐述实体事物的简易叙述方式。丹尼斯·麦奎尔总结出了模式的四种功能。

1. 构造功能

模式可以为每个系统之间的顺序，以及系统之间的相互关系，并且还可以为不同的存在状态提供一般的图景。

2. 解释功能

模式的描述方式较为简洁，如若使用其他方法进行阐述，不仅会变得复杂，同时也不清晰明了。

3. 启发功能

模式描述的是结构或者过程的主要部分，所以可以让受众很直接地关注到系统或者过程的重要部分和核心部分。

4. 预测功能

模式也可以对于过程的结果进行预测，从而建立研究假说。

综合来看，模式就是用图形或者程式来简化传播过程的描述方式，由于模式的存在，传播过程的研究才变得更加方便快捷、清晰明了。

（二）传播模式的类型

人类社会中的传播过程涉及的领域和学科十分丰富，但是传播过程在这些学科中涉及的内容并不完全相同，不同学科关于传播过程的讲述侧重方向不同。如社会学中会将传播过程放在大的环境或系统中，着重研究新闻传播在人类社会中所产生的影响和意义；而在自然学科中，尤其是通信学和信息科学，会着重研究传播过程的物理属性。不同学科中的不同学者在对传播过程的研究中所使用的模式有所不同，麦奎尔、温德尔将这些模式分成了 5 种类型共 28 种。

（1）基本模式：拉斯韦尔模式、香农-韦弗模式、奥斯古德-施拉姆循环互动模式、格伯纳的传播总模式等 8 种模式。

（2）人际影响、扩散和大众传播对个体的影响模式，刺激与反应模式及其修正，两级传播模式，创新扩散模式等 5 种模式。

（3）大众传播对文化与社会的影响模式、间接与直接模式、议题设置模式、大众传播依赖模式、沉默螺旋模式 5 种模式。

（4）受众中心模式：使用与满足模式、使用与效果模式、信息寻求模式 3 种模式。

（5）大众媒介的体系、制作、选择与流动模式，比较媒介体系模式，媒介组织模式，守门人模式等 7 种模式。

下面我们对三种模式进行重点介绍，分别是直线模式、循环互动模式、系统传播模式。

（三）典型传播模式分析

1. 直线模式

传播模式最早表现出直线、单向的特点，该传播模式之所以能够出现，是因为美国学者拉斯韦尔提出了“5W”模式。因为“5W”模式是由拉斯韦尔提出，所以又称为“拉斯韦尔程式”或“拉斯韦尔模式”，出现在1948年的一篇论文中，拉斯韦尔指出了传播过程的5个基本成分，而且根据一定的结构顺序进行了排序，Who（谁），Says What（说了什么），In Which Channel（通过何种渠道），To Whom（对谁说），With Which Effect（产生什么效果），这就是“5W”的真正含义。在此之后，英国的麦奎尔对“5W”模式进行了总结，如图1－2所示。

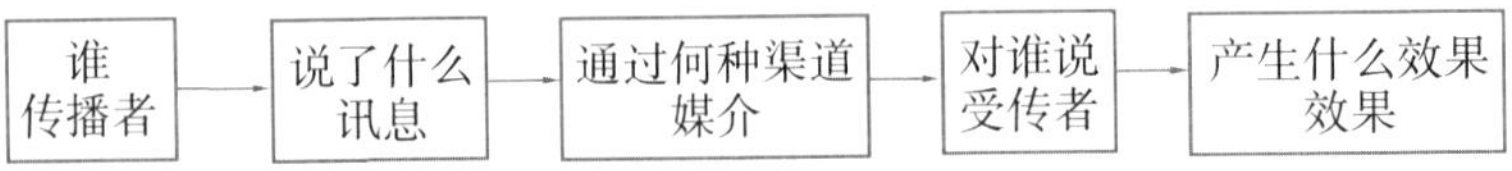

图1－2　拉斯韦尔“5W”模式

从图1－2中能清楚发现完成一次传播需要的所有环节、涉及的相关因素。这就是拉斯韦尔程式最大的优势，它首次展示了完成传播活动必备的5个环节和因素，还把每个因素的研究范围进行了细化，给学者提供了新的研究方向，为研究传播过程确定了基础、开发了新方向。该模式是早期的研究成就，所以存在一定的不足之处，该模式无法展示受众对传播者的反馈，不能呈现出阻碍传播实现的外部因素，也没把传播放到相对较大的环境中思考研究，但这些不足之处也促进了一代又一代学者的研究进度。

美国有两位通信学者又提出了另一种模式，即香农-韦弗模式，由香农和韦弗提出来，该模式又被称为数学模式。数学模式用来描绘电子通信工程，所以它包含6个因素，即噪声、信源、接收器、信道、发射器、信宿，接收器和发射器在这里有解码、编码的功效。噪声有可能干扰信源的发射环节，引发衰减。

数学模式的重要贡献就是提出噪声，虽然是用在电子通信工程中，但也引导了新闻传播模式。前面提及的拉斯韦尔程式的不足之一就是无法呈现出阻碍传播实现的外部因素，噪声的出现更证实了传播活动不是在真空中发生，它会被各种因素干扰。

数学模式同样存在不足之处，它同样是一个单向传播过程，这点和拉斯韦尔程式一样。研究通信过程时使用该模式并没有不合适的地方，但用来研究传播过程的话，就缺少反馈环节。

2. 循环互动模式

只有找到了缺点才有利于之后的改进，研究一直在进行，并没有停滞不前，其他类型的传播模式也相继出现，这些模式的提出者考虑到了反馈，开始将传播过程当作一个循环互动的过程。

（1）奥斯古德-施拉姆循环互动模式。施拉姆立足于奥斯古德观点，构建“循环互动模式”，该模式是一个新的传播模式，是 1954 年施拉姆在《传播是怎样运行的》一文中提出的。该模式和直线模式完全不同，它只有 4 个因素，即讯息、释码者、译码者、编码者，清楚呈现了信息的互相传播过程。该模式的重要突破是把信息的传播方式看成了循环互动，即该模式中的接受者和传播者并不固定，传播双方都有主动权，在来来往往的互相作用下完成了讯息的发出和接收。

循环互动模式也存在局限性：第一是没有把信息的接受者和传出者放在同一个地位，并不符合现实实情；第二是没有展现出传播过程中可能存在的干扰情形，真实的传播过程中不存在将信息百分之百地传输给接受者的情况，该模式只单单表现了人际传播中的面对面传播，其余则无法表现；第三是没有把传播过程放在社会系统中进行思考研究。

（2）施拉姆大众传播过程模式。施拉姆自己也发现了循环互动模式的不足之处，所以他在同篇文章中提出了另一种模式，即大众传播过程模式。

（3）德弗勒互动模式。香农-韦弗模式的优势和不足被德弗勒进行了总结归纳，所以他在 1966 年提出“德弗勒互动模式”。该模式中的传播过程具有双向互动的特点，包括反馈环节，这是对香农-韦弗模式最大的改进。德弗勒互动模式还进一步增添了噪声的概念，德弗勒觉得噪声不单单影响讯息，还会影响传达和反馈环节中的每一个因素。

但德弗勒互动模式也存在不足之处，该模式依旧没有把传播过程放在社会系统中去思考研究，同样仅仅从传播过程本身或者其内部进行探索讨论。因为用辩证法的思维去思考，会发现事物的运动过程不只会受过程内部的制度或因素干扰，还会被外部环境或外部制度限制和影响。传播过程同样是这样，它既受到传播过程本身噪声带来的影响，还受到外部环境或外部条件的影响和约束，例如受到新闻传播有关的法律法规以及社会利益等级等的影响和约束，单单一个噪声无法到达这个程度。

3. 系统传播模式

辩证唯物主义的观点是事物之间存在普遍关系，分析问题要从关系的角度进行。例如传播过程的思考研究，一定要把该过程放在完整的社会系统中去进行，从宏观层面进行思考研究，不应该局限在传播过程本身。

从认识过程到对过程进行综合性思考研究，系统论的方式和理论均不可缺失。所以在社会传播过程的研究中，很多学者会使用系统论的理论和方式。为了和传统简单、微观的过程研究区分开，常常称其为系统传播模式研究。

（1）赖利夫妇的传播系统模式。1959 年，美国一对从事社会学研究的夫妇 J. W. 赖利和 M. W. 赖利在《大众传播与社会系统》一书中，从社会学的角度最早提出了在社会系统框架中的传播系统模式。赖利夫妇将传播过程看作庞杂的社会系统的一个子系统，并考察了传播系统与社会系统之间的互动关系。赖利夫妇在《大众传播与社会系统》一书中提出的传播系统模式的特点如下：

首先，从事传播的双方即传播者和受传者都可以被看作一个个体系统，这些个体系统各有自己的内在活动，即人内传播。

其次，个体系统与其他个体系统相互连接，形成人际传播。

再次，个体系统不是孤立的，而是分属于不同的群体系统，形成群体传播。

最后，群体系统的运行又是在更大的社会结构和总体的社会系统中进行的，与社会政治、经济、文化、意识形态的大环境保持相互作用的关系。

该模式回答了以上模式中所没有回答的问题，它将传播的整个过程放在了社会的大系统中去考虑，这样就关注到影响传播实现的其他外界因素，这就更加有利于探索传播得以实现的有效方式。

（2）马莱茨克模式。除了赖利夫妇的传播系统模式外，1963 年，马莱茨克又从社会心理学角度提出了自己的大众传播过程模式，马莱茨克认为传播这种复杂的社会互动过程，不仅是有形的社会作用力之间的互动，也是无形的社会作用力，即社会心理因素之间的互动。

在这个模式中，马莱茨克将大众传播看作包括社会心理因素在内的各种社会影响力交互作用的“场”，这个系统的每个环节都会受到社会心理因素的制约。比如，影响和制约传播者的因素有：传播者的自我形象、传播者的人格结构、传播者的人员群体、传播者的社会环境、传播者的组织、媒介的公开性所产生的约束力、接受者的自发反馈所产生的约束力、来自讯息本身以及媒介的压力或制约等。

可以说，该模式包含了众多的复杂因素，是对此前从社会心理学角度研究大众传播的总结。它既指出了传播过程的社会制约性，也指出了其中的心理变量。他的分析较以往的研究更为系统、全面，而且更具有社会性。

我们讲的是几种常见的传播过程模式，当然随着传播研究的不断发展，新的模式也会层出不穷。麦奎尔曾说，模式构建是一项持续不断的活动，其功用在于阐明新的观点和理论、帮助整理研究成果，以及揭示进一步探讨的问题。各种模式必须不断更新才能适应社会变动中的传播现实。

第二章　人工智能发展概况

第一节　认知人工智能

一、人工智能的概念

人工智能（Artificial Intelligence，AI）是研究用于模拟和扩展人的智能的理论、方法、技术及应用系统的一门新的技术科学。

随着2016年人工智能机 Alpha Go 战胜围棋世界冠军李世石后，人工智能热潮在全球进入快速发展的阶段。人工智能俨然已经变成全球技术战略发展的领头羊，人力、资源迅速向其靠拢。

人工智能作为计算机学科的一部分，它试图想要知道智能的根本，以此来制造出一个崭新的智能机器，能以人类智能相似的方式做出反应，该领域的研究主要包括智能机器人、语言识别、图像识别、自然语言处理和专家系统等。随着人工智能技术的不断发展和完善，人工智能应用的领域也在不断扩大，可想而知，在未来应用人工智能研发出的高科技产品会成为装满人类智慧的“器皿”。

人工智能常常能够模拟人的思维和意识。人工智能虽然没有人的智力，但可以像人类一样进行独立思考，甚至还会超过人类的智力。要进行人工智能研究，前提是一定要全方位地学会使用计算机，同时还要懂得哲学和心理学，因为人工智能的研究十分具有挑战性；人工智能的组合范围十分广泛，比如学习机器和计算机的视觉等领域。总之，人工智能研发的主要目的是让智能机器能够完成超于常人可以完成的高难度工作。但是不同时期和不同思想的人对高难度这个范围的见解是不一样的。

人工智能的含义由“人工”和“智能”两部分组成。“人工”这个词可以很好地理解，外界对其的争议也很少。有时候我们必须要考虑到人类能够做哪些事，人类的智慧是否可以达到为人类创造智能的境界。

美国斯坦福大学的尼尔逊教授针对人工智能得出了这样一个结论：“人工智能是有关知识的学科，它是一门如何将知识被表达出来，如何获取知识和将知识更好地应用的学科。”但是美国麻省理工学院的温斯顿教授却不同意这个说法，他认为人工智能就是让电脑去完成之前只能由人类才能完成的任务，二者不同的说法都表现出了人工智能的基本原理和要点。人工智能主要是针对人类的自然活动规律做科研，建造一个可以智能化的人工智能系统，探究怎么样让电脑可以去完成之前只能由人类的脑力才能完成的任务，探究怎样通过电脑的软件和硬件去模仿人们的智能行为的基本原理、方法和技巧。

人工智能作为计算机科学的一部分，自 20 世纪 70 年代开始就已经被誉为世界三大顶尖技术（空间技术、能源科技和人工智能）以及 21 世纪三大顶尖技术（基因工程、纳米科技和人工智能）之一。在近三十年里，人工智能的快速发展使它在很多领域都得到了普遍的运用，并且获得了丰硕的成果。人工智能已经逐渐发展成为独立的一部分，不管是在理论上还是在应用上都形成了独立的系统。人工智能主要是针对人类的某种思想和智力行为利用计算机来进行探究的一项科学。它的内容主要包含计算机智能原理的实现、创造和与人类大脑智力相似的计算机，以便让计算机能够实现更高级别的应用。

人工智能几乎涵盖了自然科学、社会科学里的全部学科，像计算机和心理学、语言学和哲学等，它的范畴已经大于计算机科学的范围。实践与伦理二者的关系就是人工智能和科学思维的关系，人工智能的地位处于科学思维中的技术应用方面，是科学思维应用的一部分。从思维角度来看，人工智能局限于思维逻辑，只有在充分思考思维形象和灵感思维的基础上，才能使人工智能的发展更上一个阶梯。数学通常被认为是许多学科的基础，也成为语言、思维领域和人工智能科学所需要借助的工具。数学的作用不仅仅在逻辑标准和模糊数学等方面发挥了极大的作用，在步入人工智能科学的研究后，二者的相互促进和快速发展将更进一步。譬如，复杂的科学和工程学的问题之前需要依靠脑力思维去完成，现在有了计算机，不仅可以快速完成，还比大脑完成得更加精准。所以，当代人已经不把复杂的任务当作需要依靠大脑智力才能完成的一件事情。可以看出，复杂的工作任务是会伴随着时代发展和技术进步逐渐改变的，人工智能科学也会随着时代的发展而改变。然而变化是无止境的，它一方面不断取得新的发展，另一方面又朝着更困难和更有意义的方向迈进。

二、人工智能的特征

（一）由人类设计，为人类服务，计算为本质，数据为基础

从根本上说，人工智能系统必须以人为本，这些系统是人类设计出的机器，按照人类设定的程序逻辑或软件算法通过人类发明的芯片等硬件载体来运行或工作，其本质体现为计算，通过对数据的采集、加工、处理、分析和挖掘，形成有价值的信息流和知识模型，为人类提供延伸人类能力的服务，实现模拟人类所期望的一些“智能行为”。在理想情况下，人工智能必须体现出服务人类的特点，而不应该伤害人类，特别是不应该有目的性地做出伤害人类的行为。

（二）能感知环境，能产生反应，能与人交互，能与人互补

人工智能系统应能借助传感器等器件产生对外界环境（包括人类）进行感知的能力，可以像人一样通过听觉、视觉、嗅觉、触觉等接收来自环境的各种信息，对外界输入的信息产生文字、语音、表情、动作（控制执行机构）等必要的反应，甚

至能影响环境或人类。借助于按钮、键盘、鼠标、屏幕、手势、体态、表情、力反馈、虚拟现实、增强现实等方式，人与机器间可以产生交互与互动，使机器设备越来越“理解”人类乃至与人类共同协作、优势互补。这样，人工智能系统就能够帮助人类做不擅长、不喜欢的但机器能够完成的工作，而人类则适合于去做更需要创造性、洞察力、想象力、灵活性、多变性乃至用心领悟或需要感情的一些工作。

（三）有自适应特性，有学习能力，有演化迭代，有连接扩展

人工智能系统在理想情况下应具有一定的自适应特性和学习能力，即具有一定的随环境、数据或任务变化而自适应调节参数或更新优化模型的能力；并且能够在此基础上通过与云、端、人、物的数字化连接与扩展，实现机器客体乃至向人类主体的演化迭代，以使系统具有适应性、稳健性、灵活性、扩展性，以应对不断变化的现实环境，从而使人工智能系统在各行各业得到广泛的应用。

三、人工智能关键技术

（一）机器学习

机器学习（Machine Learning）是一门涉及统计学、系统辨识、逼近理论、神经网络、优化理论、计算机科学、脑科学等诸多领域的交叉学科，它主要探究的是计算机如何进行模拟或者实现人类学习的过程，借此获得新的技术和知识，将已有的知识结构进行重组，让其不断提高自己的功能，这也是人工智能的关键。数据驱动的机器学习是智能技术运用中的一个重要方法，它是从已知数据（样本）中找出规律，并根据该规律预测将来或不可观测的数据。依据学习模式、学习方法和算法等的不同，机器学习有多种分类方法。

1. 根据学习模式将机器学习分为监督学习、无监督学习和强化学习等

（1）监督学习。监督学习是通过原有的训练数据，利用一

些学习方式方法构建一个学习模式，完成对新数据的预测和标记的呈现。最经典的监督学习算法由两大部分组成：归纳和归类。监督学习的要求是要对训练册的标签分类有清晰的认识，只有标签分类越精确，才会出现更具有代表性的样品，学习模式的准确性也会随之提高。在处理自然语言、信息检索、内容挖掘、手写体辨识、垃圾信息甄别等方面，监督学习能充分发挥它的技能。

（2）无监督学习。无监督学习主要是从无标签数据中提取出有用的信息和结构的机器学习方式。其中最具有代表性的是单类别密度估计、单类别数据的降重和单类别聚类等。无监督学习为了方便对数据的压缩和存储、降低计算量、提高计算机算法的速度，同时规避正样本和负样本的偏向导致的错误分类等问题，不再需要样本的训练和利用人工标注数据。无监督学习适用于预测经济、检测异常、挖掘数据、处理图像、识别模式等领域，譬如建立大型计算机集结群、分析社交网络状况、进行市场分割、分析天文数据等方面。

（3）强化学习。强化学习是指智能系统从环境到行为映射的一种学习方式，以使奖励信号（强化信号）函数值最大。因为外部条件所能给予的信息少之又少，所以强化学习系统只能依靠自己的努力过程去学习。强化学习的目的是让机器在与环境互动的过程中通过试错来学习最优策略，从而实现自主决策和控制。它的应用范围非常广泛，包括自动驾驶、机器人操作、游戏智能等领域。通过强化学习，机器可以不断地根据环境反馈进行自我调整和优化，从而达到更好的性能表现和效果。

2. 根据学习方法可以将机器学习分为传统机器学习和深度学习

（1）传统机器学习。传统机器学习是基于少量的观察（训练）样本，通过理论分析找到规律，从而精确地预测未来数据的行为和趋势。传统机器学习将学习结果和学习模式的有用性和可被解释性达到了平衡状态，给部分样本的学习提供了一个构架，主要适用于部分样本情况下的分类模型、分析回归和估计概率密度等。统计学是传统机器学习基础理论中的一个，它在语言处理、识别言语、识别图像、检索信息和生物信息等领域都实现了广泛的运用。

（2）深度学习。深度学习是建立深层结构模型的学习方法，典型的深度学习算法包括深度置信网络、卷积神经网络、受限玻尔兹曼机和循环神经网络等。深度学习又称为深度神经网络（指层数超过 3 层的神经网络）。深度学习作为机器学习研究中的一个新兴领域，由 Hinton 等人于 2006 年提出。深度学习源于多层神经网络，其实质是给出了一种将特征表示和学习合二为一的方式。深度学习的特点是放弃了可解释性，单纯追求学习的有效性。经过多年的摸索尝试和研究，已经产生了诸多深度神经网络的模型，其中卷积神经网络、循环神经网络是两类典型的模型。卷积神经网络常被应用于空间性分布数据；循环神经网络在神经网络中引入了记忆和反馈，常被应用于时间性分布数据。深度学习框架是进行深度学习的基础底层框架，一般包含主流的神经网络算法模型，提供稳定的深度学习 API，支持训练模型在服务器和 GPU、TPU 间的分布式学习，部分框架还具备在包括移动设备、云平台在内的多种平台上运行的移植能力，从而为深度学习算法带来前所未有的运行速度和实用性。目前主流的开源算法框架有 Tensorflow、Caffe、Pytorch、MXnet CNTK、Paddlepaddle、Darknet 等。

3. 机器学习的常见算法还包括迁移学习、主动学习和演化学习

（1）迁移学习。迁移学习是指当在某些领域无法取得足够多的数据进行模型训练时，利用另一领域数据获得的关系进行的学习。迁移学习可以把已训练好的模型参数迁移到新的模型来指导新的模型训练，可以更有效地学习底层规则、减少数据量。目前的迁移学习技术主要在变量有限的小规模应用中使用，如基于传感器网络的定位、文字分类和图像分类等。未来迁移学习将被广泛应用于解决更有挑战性的问题，如视频分类、社交网络分析、逻辑推理等。

（2）主动学习。主动学习通过一定的算法查询最有用的未标记样本，并交由专家进行标记，然后用查询到的样本训练分类模型来提高模型的精度。主动学习能够选择性地获取知识，通过较少的训练样本获得高性能的模型，最常用的策略是通过不确定性准则和差异性准则选取有效的样本。

（3）演化学习。演化学习对优化问题性质要求极少，只要能够评估解的好坏即可，适用于求解复杂的优化问题，也能直接用于多目标优化。演化学习算法包括粒子群优化算法、多目标演化算法等。目前针对演化学习的研究主要集中在演化数据聚类、对演化数据更有效的分类，以及提供某种自适应机制以确定演化机制的影响等。

（二）知识图谱

知识图谱本质上是结构化的语义知识库，是一种由节点和边组成的图数据结构，以符号形式描述物理世界中的概念及其相互关系，其基本组成单位是“实体-关系-实体”三元组，以及实体及其相关“属性值”对。不同实体之间通过关系互相连接，构成网状的知识结构。在知识图谱中，每个节点表示现实世界的“实体”，每条边为实体与实体之间的“关系”。通俗地讲，知识图谱就是把所有不同种类的信息连接在一起而得到的一个关系网络，提供了从“关系”的角度去分析问题的能力。

知识图谱可用于反欺诈、不一致性验证、反组团欺诈等公共安全保障领域，需要用到异常分析、静态分析、动态分析等数据挖掘方法。知识图谱尤其在搜索引擎、可视化展示和精准营销方面有很大的优势，已成为业界的热门工具。但是，知识图谱的发展还面临很大的挑战，如数据的噪声问题，即数据本身有错误或者数据存在冗余。随着知识图谱应用不断地深入，还有一系列关键技术需要突破。

（三）自然语言处理

自然语言处理涉及的范围比较广，主要包含机器语言的翻译和理解、系统的问答等，它为计算机学科和人工智能指引了方向，以探究人与电脑之间用自然语言沟通和交流的方法和理论为主。

1. 机器翻译

机器翻译是通过计算机技能实现一种语言翻译成另一种语言的过程。由于统计机器翻译方式打破了曾经以规则和实际翻译方式为主的限制，在翻译功能上取得了大幅度的提高，使神经网络机器的深层次翻译在日常口语等方面的应用呈现出很大的潜能。上文和下文内容情境的表现与逻辑推理能力的不断发展，自然语言知识库的不断扩大，都会使机器翻译在翻译对话和翻译文章等方面得到更大的发展。

在机器翻译中，统计机器翻译具有较优的性能，它主要包括两个阶段：解码和训练。得到模型参数是训练阶段的目的，通过参数的估值和优化目标的确定来获得最优的句子翻译结果是解码阶段的目的。统计机器翻译包含语料库预处理、词对齐、短语概率计算、最大熵排序等过程。神经网络的翻译方式主要是将语句中的词语传入到神经网络模型内，通过神经网络的计算直接获得目标语言的最终翻译成果，不需要使用双语句子专用模型。在端到端的机器翻译系统中，对句子进行语义信息提取需要使用循环神经网络、卷积神经网络，在大量的训练信息中找到语义的信息，与基于短语的统计翻译相比，这样所展现的翻译成果更加自然、流畅。

2. 语义理解

语义理解是通过计算机技能对文章做出合理的解释，使其通俗易懂，同时解决文章中出现的问题的一个过程。语义理解更关心对上文和下文的理解和对结果的把握性。随着数据集的出现，语义理解得到颇多关注，发展速度加快，部分数据集与其相对的神经网络模型变化无穷。词义理解技能使问答和对话系统的精确程度更进一步，在客服智能化、自动回答功能产品等领域有着至关重要的作用。

在数据获取方面，语义理解通过自动构造数据方法和自动构造填空题，可以有效地扩展数据资源。为了解决填充问题，人们提出了一些基于深度学习的方法，如基于注意力的神经网络方法。目前主流的模型是利用神经网络技术对文本和问题进行建模，预测答案的起止位置，提取文本片段。对于答案的进一步泛化，处理难度进一步提高，目前的语义理解技术还有很大的改进空间。

3. 问答系统

问答系统分为两类，一种是开放区域的系统对话，另一种是特定区域的系统问答。问答系统技术是一个可以让电脑实现像人一样用自然的语言进行互相交流的技能。通过问答系统，人们可以用自然语言向它提出问题，系统就会自动展现出相关性高的结果。虽然问答系统已经应用在不少产品上，但是大多数仅应用于实际消息服务系统和智能手机等领域，在稳定性方面，问答系统还有一些不足需要调整和提高。

在自然语言处理方面需要面对四大难题：第一，在语法、词汇、语言语义、语言的应用和语音等方面把握不精确；第二，新词、新词的词义和新词的语法等未被发现的语言会造成难以预料的语言现象；第三，缺少足够的数据资源难以覆盖多变的语言情况；第四，由于语义信息具有模糊性和关联关系的复杂性，不能仅靠简易的数学模型去讲述，其计算过程需要涉及很多的参数，具有很强的非线性特征。

（四）人机交互

人机交互主要研究人和计算机之间的信息交换，主要包括人到计算机和计算机到人的两部分信息交换，是人工智能领域的重要的外围技术。人机交互是与认知心理学、人机工程学、多媒体技术、虚拟现实技术等密切相关的综合学科。传统的人与计算机之间的信息交换主要依靠交互设备进行，包括键盘、鼠标、操纵杆、数据服装、眼动跟踪器、位置跟踪器、数据手套、压力笔等输入设备，以及打印机、绘图仪、显示器、头盔式显示器、音箱等输出设备。人机交互技术除了传统的基本交互和图形交互外，还包括语音交互、情感交互、体感交互及脑机交互等技术，以下对后四种与人工智能关系密切的典型交互手段进行介绍。

1. 语音交互

语音交互是与语言学科、心理学科、工程学、计算机应用技能等知识相融合，通过人的自然语音或者机器合成的语音与计算机互相交换形成的有效的互动模式。语音交互的流程包含四项：收集语音、识别语音、理解语义、合成语音。收集语音需要完成音频的录入、音频的采样和音频的编码；识别语音主要是将语音信息传输到机器中，实现文本内容的有效转化；合成语音是实现信息内容到信息声音的转化。语音交互是人类互相交流与获得各种信息内容最方便快捷的方式，与其他交互方法相比较拥有更多的优点，可以给人与人之间的交流带来根本性的改变，是在大数据、认知计算时代下发展的新趋势，有着广泛的应用前景。

2. 情感交互

情感是一种高层次的信息传递，而情感交互是一种交互状态，它在表达功能和信息时传递情感，勾起人们的记忆或内心的情愫。传统的人机交互无法理解和适应人的情绪或心境，缺乏情感理解和表达能力，计算机难以具有类似人一样的智能，也难以通过人机交互做到真正的和谐与自然。情感交互就是要赋予计算机类似于人一样的观察、理解和生成各种情感的能力，最终使计算机像人一样能进行自然、亲切和生动的交互。情感交互已经成为人工智能领域的热点方向，旨在让人机交互变得更加自然。目前，在情感交互信息的处理方式、情感描述方式、情感数据获取和处理过程、情感表达方式等方面还面临诸多技术挑战。

3. 体感交互

体感交互是个体不需要借助任何复杂的控制系统，以体感技术为基础，直接通过肢体动作与周边数字设备装置和环境进行自然的交互。依照体感方式与原理的不同，体感技术主要分为三类：惯性感测、光学感测以及光学联合感测。体感交互通常由运动追踪、手势识别、运动捕捉、面部表情识别等一系列技术支撑。与其他交互手段相比，体感交互技术无论是硬件还是软件方面都有了较大的提升，交互设备向小型化、便携化、使用便捷化等方面发展，大大降低了对用户的约束，使得交互过程更加自然。目前，体感交互在游戏娱乐、医疗辅助与康复、全自动三维建模、辅助购物、眼动仪等领域有了较为广泛的应用。

4. 脑机交互

脑机交互又称为脑机接口，指不依赖于外围神经和肌肉等神经通道，直接实现大脑与外界信息传递的通路。脑机接口系统检测中枢神经系统活动，并将其转化为人工输出指令，能够替代、修复、增强、补充或者改善中枢神经系统的正常输出，从而改变中枢神经系统与内外环境之间的交互作用。脑机交互通过对神经信号解码，实现脑信号到机器指令的转化，一般包括信号采集、特征提取和命令输出三个模块。从脑电信号采集的角度，一般将脑机接口分为侵入式和非侵入式两大类。除此之外，脑机接口还有其他常见的分类方式：按照信号传输方向可以分为脑到机、机到脑、脑和脑机双向接口；按照信号生成的类型，可分为自发式脑机接口和诱发式脑机接口；按照信号源的不同还可分为基于脑电的脑机接口、基于功能性核磁共振的脑机接口以及基于近红外光谱分析的脑机接口。

（五）计算机视觉

计算机模拟人体视觉系统的科学称为计算机视觉，这项科学技术能够赋予机器有与人类似的采集与分析图像以及图像序列信息的功能。而按照应用范围和处理对象的具体方法的不同，计算机视觉技术主要包括计算图像学、图形处理、三维视觉、动态视觉以及图像的编解码等五大类。这种技术可以应用于自动驾驶、智能机器人以及人工智能医疗等现代化技术，这些新型科学技术的系统运作均离不开计算机视觉的图像提取、处理和分析能力。随着科学技术的深入发展，计算机视觉通过与深度学习相结合有了进一步的发展，将计算机的图片提取、处理、分割能力与算法处理相融合，形成了人工智能算法技术。

1. 计算成像学

计算成像学是探索人眼结构、相机成像原理以及其延伸应用的科学。计算成像学的出现不仅促进了现代相机的快速发展，改变了相机的外观，使相机向着小巧化的方向发展，同时也打破了相机使用场景的限制，使得相机的使用方式更加便捷。除此之外，计算成像提高了相机的拍照质量，通过一系列的算法处理，使拍摄出的图像更加清晰，分辨率更高，还进一步实现了全景图、图像部分虚化、暗光增强等的处理效果。

2. 图像理解

图像理解是通过模拟人类视觉系统，以实现用计算机理解外部世界的一种方法。按照理解信息的抽象程度可分成浅层理解，包括对图像轮廓、图形的节点、图像元素的理解等；中级理解，包括对物体边缘、区域和平面的理解等；高级理解，则包括辨识、检测、分割、姿态评估、影像文字说明等。在现代社会生活中，影像技术的应用已非常普遍，包括刷脸技术、智能影像技术等。

3. 三维视觉

三维视觉是在计算机视觉的基础上获取三维信息并进行重建以及对获得的三维信息进行分析理解的科学。三维信息理解有两种方式，一种是直接理解，另一种是利用三维信息辅助图像理解。三维视觉技术的应用领域主要是虚拟现实、增强现实、智慧工厂、智能机器人、无人驾驶等。

4. 动态视觉

动态视觉是模拟人类处理图像过程的一种科学，它的工作原理是通过分析图片或者视频的序列来达到对图像处理的目的。动态视觉在处理图像的时序时会寻找与时序一一对应的像素或者物体，以便提取关键性信息。动态视觉主要应用于人机交互和视频分析等领域。

5. 视频编解码

视频编解码是指通过特定的压缩技术，将视频流进行压缩。视频流传输中最为重要的编解码标准有国际电联的 H. 261、

H. 263、H. 264、H. 265、M-JPEG 和 MPEG 系列标准。视频压缩编码主要分为两大类：无损压缩和有损压缩。无损压缩指使用压缩后的数据进行重构时，重构后的数据与原来的数据完全相同，例如磁盘文件的压缩。有损压缩也称为不可逆编码，指使用压缩后的数据进行重构时，重构后的数据与原来的数据有差异，但不会使人们对原始资料所表达的信息产生误解。有损压缩的应用范围广泛，例如视频会议、可视电话、视频广播、视频监控等。

目前，计算机视觉技术发展迅速，已具备初步的产业规模。未来计算机视觉技术的发展主要面临以下挑战：一是如何在不同的应用领域和其他技术更好地结合，使计算机视觉在解决某些问题时可以广泛利用大数据，目前计算机视觉技术已经逐渐成熟并且可以超过人类，但在某些问题上却无法达到很高的精度；二是如何降低计算机视觉算法的开发时间和人力成本，目前计算机视觉算法需要大量的数据与人工标注，需要较长的研发周期以达到应用领域所要求的精度与耗时；三是如何加快新型算法的设计开发，随着新的成像硬件与人工智能芯片的出现，针对不同芯片与数据采集设备的计算机视觉算法的设计与开发也是一种挑战。

（六）生物特征识别

随着人们生活水平的普遍提高，人们越来越重视个人信息安全，因此信息技术人员开发了许多安全性更高的身份识别技术，特别是生物特征识别技术，生物技术的出现，很大程度上方便了人们的生活。生物特征识别技术是指通过对个体生理特征进行比对，确认身份的一种最新识别认证技术。生物特征识别应用流程有两个阶段，一个是注册阶段，另一个是识别阶段。注册阶段是指通过运用图像传感器采集个体生物表征信息，比如指纹和人脸的光学信息采集，然后对采集的信息经过特征提取技术进行提取，最后把提取的特征信息进行相应的存储。识别阶段是指将识别人的信息与存储的信息进行比对，以此来完成身份认证。识别的过程与注册的过程，流程上来说是一致的，首先对识别人的个人特征信息进行采集，然后与存储的特征信息进行比对确认，以此来完成身份识别。从应用任务上来分析，生物特征通常情况分为两种任务，一种是辨认，另一种是确认。辨认是一对多来完成身份识别，简单来说，在存储库中对识别人信息特征进行比对，以此来完成身份识别；确认相对来说，过程简单不复杂，只需将识别人的信息与存储库中个人录入的特征信息进行一对一对比，就可以完成身份识别，以此来确认识别人的信息。

随着生物特征识别技术水平的提高，不仅可以完成对人脸、指纹等特征信息的采集，还可以将虹膜、指静脉、声纹和步态等多种特征信息进行采集，完成身份确认。生物特征识别是当前较为智能化的一种身份认证技术，在社会各个领域被普遍应用，人工智能在交通、教育、金融和公共安全等领域的广泛应用，为各个领域的发展起到了重要作用。当前我国指纹识别、人脸识别、虹膜识别、指静脉识别、声纹识别以及步态识别等识别技术也越来越成熟，以下针对这几种技术进行简单阐述。

1. 指纹识别

每个人的指纹都是无法复刻的，不被复刻的良好特性给身份识别带来了鉴别的前提。通常情况下，指纹识别主要包含三个流程：第一是数据采集；第二是数据处理；第三是分析判别。首先是指纹的提取，指纹提取是运用物理传感器来获取指纹的图像，然后经过数据处理，数据处理通过对指纹预处理、畸变校正以及特征提取等过程，最后通过分析判别对指纹提取的特征进行比对。

2. 人脸识别

人脸与人体其他生物特征一样是独一无二的，人脸识别需要借助计算机，通过应用计算机视觉来完成人脸识别。人脸识别通过三个步骤来完成：①检测定位；②面部特征提取；③人脸确认。外在因素会在一定程度上对人脸识别造成一定的影响，如果用户化妆或整容，面部的一些改变会在一定程度上影响人脸识别的准确性，拍摄角度、图像遮挡、年龄等多个因素都会很大程度上影响着人脸识别的准确性。因此，人脸特征的提取需在约束的条件下进行，才更有利于人脸识别技术达到更好的识别效果。

3. 虹膜识别

巩膜、虹膜、瞳孔晶状体、视网膜等是人眼睛的具体结构。虹膜从开始发育一直到形成后，整个生命阶段是不变的，虹膜特征的唯一性决定了身份识别的唯一性，给身份识别带来了良好的前提条件。虹膜识别不仅具有唯一性特点，还具有不可复制性和稳定性的特点，综合来说安全性较高，而且虹膜识别和生物识别特征有一定的区别，有着非接触识别的优势，因此虹膜识别是当前既安全又方便的身份识别技术。

4. 指静脉识别

指静脉识别具有安全性高、识别率高度准确、无法复刻性优势。静脉血管在人体分布较多，运用近红外光的照射，人体静脉中的血红蛋白能够很快吸收，因而显现出鲜明的图像，经过预处理，提取特征，通过图像特征来完成识别身份的过程。

5. 声纹识别

声纹识别是指截取说话人的一段语音，通过语音对比来确认识别人的身份。声纹提取对比其他生物特征提取的优势在于，可以在不知不觉中完成声纹提取，方便快捷，获取的方式也比较简单、方便，只需一个麦克风就可以完成声纹提取，无需借助其他设备。

6. 步态识别

与其他几种生物特征识别对比，步态识别的技术难度相当大。步态识别是通过视频提取个人的运动特征，经过更高要求的预处理算法，来完成身份识别。

（七）虚拟现实（VR）/增强现实（AR）

计算机是实现虚拟现实（VR）/增强现实（AR）的主要核心，计算机与虚拟现实（VR）/增强现实（AR）有效结合，产生了新型视听技术。借助先进的科学技术，最大程度上还原真实环境中视觉、听觉、触感等各个方面，形成与现实环境中高度相似的数字化环境。用户运用数字化环境中的对象进行交互并借助必要的装备，能获得贴近真实生活的感受与体验，数据获取设备、专用芯片和显示设备等先进技术能很大程度上有助于实现用户真实环境的体验效果。

当前虚拟现实（VR）/增强现实（AR）给人们带来了诸多挑战，总共有四个方面，具体体现在智能获取、先进设备、相互交互和融合感知等。科学技术方面也面临着许多挑战问题，例如硬件平台的装置、核心芯片的性能、软件平台的工具、相关标准与规范等技术难题。综合来说，虚拟现实（VR）/增强现实（AR）给人们呈现了一种便捷化的发展趋势。

综上所述，人工智能技术的发展有利于促进我国人工智能领域的健康发展，为了进一步研究人工智能的发展趋势，以下针对人工智能发展几个比较明显的特点进行重点阐述。

1. 技术平台开源化

在人工智能研究领域当中，开源的学习框架在此领域中一直遥遥领先，成绩斐然。因此，众多的开发者会直接使用他们相对成熟的深度学习工具，有效避免二次开发的资源浪费，在很大程度上提高了效率。在这种形势下，许多国内外产业巨头也逐渐意识到产业生态的重要性，都在纷纷抢占先机，通过开源技术建立自家产业生态。技术平台的开源化有利于技术范围的扩大，完善产业链。国内外众多的产业巨头看到了人工智能的趋势，都在纷纷布局，做战略的调整，例如谷歌、百度等。

2. 专用智能向通用智能发展

目前人工智能的发展主要集中在专用智能方面，具有领域局限性。随着科技的发展，各领域之间相互融合、相互影响，需要一种范围广、集成度高、适应能力强的通用智能，提供从辅助性决策工具到专业性解决方案的升级。通用人工智能具备执行一般智慧行为的能力，可以将人工智能与感知、知识、意识和直觉等人类的特征互相连接，减少对领域知识的依赖性，提高处理任务的普适性，这将是人工智能未来的发展方向。未来的人工智能将广泛地覆盖各个领域，消除各领域之间的应用壁垒。

3. 感知智能向认知智能方向迈进

对于人工智能主要经历的发展阶段，业界有着不同的总结方式，接受度较高的一种观点认为人工智能主要经历了运算智能、感知智能、认知智能三个重要阶段。在人工智能中利用运算智能可以加快运算速度，进行记忆储存；随着人工智能技术的进一步发展，人工智能使得机器开始具备类似于人类的视觉、听觉和触觉等，这时的人工智能开始步入感知智能阶段；从人工智能的发展趋势看，在不久的将来，人工智能必然会走向认知智能。

四、人工智能的应用

（一）机器视觉

为了满足人类对于机器的智能方面的需求，研究者将人工智能与深度学习技术相结合，从而促进了人工智能的认识功能全面发展，计算机视觉就是使计算机在对图片或者视频等多媒体信息的理解上获得类似于人类的理解认知方式，如计算机可以操控摄影机代替人眼对目标进行识别和跟踪，然后将所收集的信息处理为人类更为容易观察和识别的图像内容。近几年，社会信息化进程中所产生的海量信息和资源促进了这项技术的迅速发展。

1. 人脸识别

人脸识别是人工智能“计算机视觉”领域中最热门的应用。2017 年 2 月，《麻省理工科技评论》发布“2017 年全球十大突破性技术”榜单，来自中国的技术“刷脸支付”位列其中，今后“靠脸”吃饭完全不是问题。这是该榜单创建 16 年来首个来自中国的技术。人脸识别技术目前已经广泛应用于金融、司法、军队、公安、边检、政府、航天、电力、工厂、教育、医疗等行业。据业内人士分析，我国人脸识别产业需求旺盛，需求推动导致企业敢于投入资金。目前，该技术已具备大规模商用的条件，未来 3~5 年将高速增长。而在 2017 年，这一技术已在金融与安防领域迎来大爆发。

2. 视频监控分析

人工智能可以对结构化的人、车、物等视频信息进行快速检索、查询，这项应用使得公安系统在繁杂的监控视频中搜寻到罪犯有了可能。在大量人群流动的交通枢纽，该技术也被广泛用于人群分析、防控预警等。

视频监控领域盈利空间广阔，商业模式多种多样，既可以提供行业整体解决方案，也可以销售集成硬件设备。将技术应用于视频及监控领域在人工智能公司中正在形成一种趋势，这项技术应用将率先在安防、交通甚至零售等行业掀起应用热潮。

3. 工业视觉检测

机器视觉可以快速获取大量信息，并进行自动处理。在自动化生产过程中，人们将机器视觉系统广泛地用于工况监视、成品检验和质量控制等领域。机器视觉系统的特点是提高生产的柔性和自动化程度。运用在一些危险工作环境或人工视觉难以满足要求的场合。此外，在大批量工业生产过程中，机器视觉检测可以大大提高生产效率和生产的自动化程度。

4. 医疗影像诊断

现代大多数医疗数据的呈现形式为医疗影像，所以从这些医疗影像的分析和理解中可以进一步完善深度学习系统，从而为疾病的诊断和治疗起到实质性的辅助作用。

（二）文字识别

计算机的文字识别也可以称为光学字符识别。它可以将纸上的文字通过相应的光学技术或者其他计算机技术转换成人类与计算机都可以理解与接受的格式，这也是我们为什么可以进行文字高速录入的主要原因。

（三）指纹识别

现在我们使用的手机大多数都具备指纹识别的功能，不仅如此，指纹识别在我们生活中的其他领域也有着十分广泛的应用，实现了从工业生产到日常生活的全面覆盖，而且这项技术在未来依旧有着十分广阔的发展前景。很多发达国家都在指纹识别领域加大研究力度，我国近年来很多发展前列的科技企业也在加大指纹识别领域的研究投入，可以预见，这项技术在未来会成为工业及科技企业的日常管理规范，是企业实力提升的重要动力。

（四）智能信息检索技术

人工智能研究机器模拟人脑所从事的感觉、认知、记忆、学习、联想、计算、推理、判断、决策、抽象、概括等思维活动，解决人类专家才能处理的自然语言理解、自动程序设计、专家系统、机器学习、模式识别、机器视觉、智能控制、智能检索以及智能调度与指挥等工作。

人工智能在网络信息检索中的应用主要表现在如何利用计算机软/硬件系统模仿、延伸与扩展人类智能的理论、方法和技术。目前，人工智能在网络信息检索领域的应用主要是在以下两个方面。

一是网络智能知识服务系统。网络智能知识服务系统的设计开发是专门为了解决目前网络信息资源浩瀚与获取难的矛盾。网络智能知识服务系统可分为知识采集系统、智能知识处理系统、智能知识服务系统和知识库四个部分。

二是智能代理技术。智能代理技术起始于20世纪80年代，是人工智能一个重要的研究领域。目前，国外很多大学、研究机构和诸多信息技术公司都在从事智能代理技术研究，并且有些智能代理产品或嵌入智能代理技术的产品已经投入使用，这些情况表明发展智能代理技术是一个趋势，它将是克服现有网络检索问题的有效手段。

（五）智能控制

智能控制是指针对任务的复杂性与不确定性因素，能够有效自主处理复杂信息。在智能控制中，AI的应用主要体现在以下几个方面。

1. 专家控制系统

专家控制是智能控制不可或缺的重要组成部分，通常情况下称之为专家智能控制。简单来说，在技术与控制论的基础上有效融合专家系统的理论，实现专家智能化控制。系统的设计是基于专家控制原理，因此统称为专家控制系统。

2. 模糊控制系统

人的思维基本上都属于定向思维，对于事物的认识普遍都是模糊的，没有足够清晰的认识程度。因此，智能控制系统有模糊信息的引入，对于人类来说，具有一定的意义。模糊控制不需要精确的数学模型，是为了排除不确定性的唯一途径。但是，由于对信息简单而又模糊的处理，在很大程度上降低了系统控制的精确度，动态品质也大大降低。

3. 神经网络控制系统

神经网络控制系统是效仿人脑神经网络结构的一种技术系统。神经网络具有与计算能力相对并行以及有较强的自学能力的特点。

神经网络控制是通过研究人脑的神经结构以及各种结构机制，采用神经网络，把控制问题映射为自动识别问题模式，被识别的模式同样映射成行为信号。因为神经网络控制系统自学能力较强，并且适应能力比较快，所以比较适合于一些复杂系统的智能控制。

4. 混沌控制系统

混沌运动看似一种没有规则的运动，但是存在于自然界多种学科领域之间，例如神经学、脑科学、人类学、生物学、社会经济学、自然科学等领域。混沌控制系统是基于混沌理论与控制理论相互交叉而产生的。

随着经济的发展，智能控制的应用也越来越广泛，从原来的工业生产，再到生物、农业、军事、空间技术、工程、机械、环境、科学等多个领域都在普遍应用智能控制，智能控制在各个领域中有着极其重要的地位，智能控制的应用被越来越多的国家所重视，未来的发展也离不开智能控制的应用。

第二节 人工智能的发展与趋势

一、人工智能的发展历程

人工智能的发展包括了方方面面的内容，多学科的进展促进了人工智能的飞速发展，总结起来大致可以分为孕育、形成和发展三个阶段。

1956 年，美国汉诺威小镇宁静的达特茅斯学院，约翰·麦卡锡、马文·闵斯基、克劳德·香农等学者聚在一起，共同讨论着机器模拟智能的一系列问题。他们讨论了很久，始终没有达成共识，却为讨论内容起了一个名字：人工智能。自此，人工智能（Artificial Intelligence，AI）开始出现在人们的视野里，1956 年也就成了人工智能元年。从那以后，研究者们发展了众多理论和原理，人工智能的概念也随之扩展。人工智能是一门极富挑战性的科学，从事这项工作的人必须懂得计算机知识、心理学和哲学。

美国人纽厄尔、肖和西蒙等人编译了一个名为逻辑理论机的程序，该程序可以证明数学定理，在改进优化之后可以证明《数学原理》中的 52 条定理。1957 年，美国计算机科学家罗森布拉特研制成功了感知器（将神经元用于识别的系统），使感知器作为监督学习的第一个模型。1958 年，中国数学家王浩采用 IBM－704 仅用了 3~5 分钟就证明了《数学原理》中有关命题演算的全部定理。1959 年，美国麻省理工学院学者奥利弗·塞尔弗里奇开发了一个模式识别的程序。1965—1968 年，美国人工智能专家爱德华·费根鲍姆领导的小组，根据质谱仪实验开发了 DENDRAL 专家系统，通过分析决定化合物的分子结构，这对于知识表示、存储、获取、推理及利用等技术是一次非常有益的探索。1960 年，被誉为“人工智能之父”的约翰·麦卡锡研制出人工智能语言 LISP，这是建造专家系统的重要工具。1969 年成立的国际人工智能联合会议（International Joint Conference on Artificial Intelligence，ICAI)，标志着人工智能得到了世界的认可。

现阶段的发展则始于1972年法国马赛大学，科麦瑞尔提出并实现逻辑程序语言PROLOG。1972年，斯坦福大学的肖特利夫等人研制用于诊断和治疗感染疾病的专家系统MYCIN。1974年，韦伯斯提出BP算法。1985年，鲁姆哈特等人发展了该理论。1977年，费根鲍姆提出“知识工程”，人工智能迎来以知识为中心的新时期。1980年，卡耐基梅隆大学为数字设备公司设计了一套名为XCON的专家系统，这是一套具有完整专业知识和经验的计算机智能系统，可以简单理解为“知识库+推理机”的组合。1983年，世界第一家批量生产统一规格电脑的公司“思考机器”诞生。1985年，哈罗德·科岑编写的绘图软件Aaron在人工智能大会亮相。20世纪90年代，人工智能在各个领域均展示长足发展，学习、教学、案件推理、策划、自然环境认识及方位识别、翻译，乃至游戏软件等领域都瞄准了人工智能的研发。1997年，IBM制造的电脑“深蓝”击败了国际象棋世界冠军加里·卡斯帕罗夫。2016年，谷歌旗下的Deep Mind公司团队开发了阿尔法狗（Alpha Go)，这是第一个击败人类职业围棋选手、第一个战胜围棋世界冠军的人工智能程序。

二、人工智能整体发展态势

人工智能行业的技术相对而言较为密集，从该行业申请专利的数量可以看出其整体的发展趋势。我国在人工智能领域的专利申请数量于2019年底已全面超过美国，成为全世界人工智能相关专利申请最多的国家。截至2022年，中国人工智能专利申请量居世界首位，期刊论文发表数量和被引用频次均位列全球第一，在计算机视觉自然语言处理和语音识别等领域具有领先优势，核心产业规模超过5 000亿元人民币。

但从人工智能专利申请方面的情况来看，申请数量最多的行业为互联网行业，其中较为知名的互联网企业有腾讯、百度、阿里巴巴等，其次为电子信息技术企业，如浪潮、华为等。这些企业申请专利的情况反映了未来人工智能的发展前景广阔，人工智能产业仍是这些重量级企业的主要竞争场所。

从人工智能相关专利的申请情况来看，专利申请数量最多的领域是云计算领域，其次是计算机视觉、深度学习、自动驾驶、智能机器人等领域，在这些领域的专利申请数量中，仅云计算领域的专利申请量占比就接近五分之一。

从宏观角度来看，中国、美国以及欧盟是人工智能产业的三大国际组织，与其他国家相比，我国在此行业具有一定的后发优势。从人工智能产业的整体竞争来看，具有以下几个特征。

其一，相较于美国先进的技术而言，未来中国和欧盟仍有一段很长的路需要追赶。

其二，人工智能产业属于新兴产业，兴起的时间比较短，尤其是中国的人工智能产业在 2014 年才正式进入发展的阶段，一些技术型企业还没有进入上市融资阶段或者才刚刚开始融资，比如寒武纪、云从科技以及商汤科技等。

其三，一些国际巨头会利用自身的技术优势或者资金优势收购技术型企业。某些国际巨头为了在 AI 领域尽快占据一席之地，通常会利用庞大的资金直接收购一些相关企业，从而使其以最快的速度介入此领域。最近几年，一些国际互联网“大鳄”不断收购新兴的技术企业，比如谷歌、亚马逊、微软等。此外，国内的几家知名互联网企业也陆续投资或者收购了一批新兴的技术企业。

其四，从我国的 AI 产业分布来看，东北以及西北地区的智能产业发展相对落后，广东深圳、上海、北京等大城市的人工智能产业发展处于领先地位。

三、人工智能发展趋势

（一）从专用智能向通用智能发展

随着人工智能的发展，下一代的人工智能将实现从专用智能向通用智能的方向发展，这也是人工智能研究与发展的必然趋势。美国的官方科研机构就人工智能的研发颁布了相关的规章制度，制度中明确指出国家的人工智能发展重心是通用人工智能，这也是美国人工智能发展的长期策略。为了研发通用人工智能，微软公司成立了一个专门的实验室，参与实验研发的科学家涉及各个领域，比如感知领域、推理领域、自然语言理解领域等。

（二）从人工智能向人机混合智能发展

人工智能的另外一个研究方向为借鉴认知科学和脑科学的研究成果。人机混合是在人工智能系统中引入人的认知模型，从而提升人工智能的整体性能，使人工智能可以拓展和延伸人类的智能，通过人机协作，有效实现对复杂问题的解决。目前，无论是我国的新一代人工智能规划，还是美国的“脑计划”，人工智能研发方向无疑都是人机混合智能。

（三）从“人工+智能”向自主智能系统发展

目前，深度学习是人工智能领域的主要研究方向，但深度学习有着一定的局限性，需要人工采集数据、人工标注数据、人工设计神经网络模型、人工适配智能系统等一系列的人工干预行为，既浪费时间又浪费精力。因此，为了提高人工智能的工作效率，相关研究人员开始研发新的自主系统，从而提高人工智能的自主学习能力。例如阿尔法元系统，它可以通过自我博弈，从零开始学习，不断强化自身，实现了对棋类的通用人工智能。此外，谷歌为了降低人员成本，曾提出了学习系统自动化这一概念，试图通过此系统达到降低成本的目的。

（四）人工智能将加速与其他学科领域交叉渗透

人工智能所涉及的领域甚广，它不仅是一门综合性的学科，同时还是一门复合型的学科，其研究范畴需要融合数学、计算机、神经学、社会学等大量的学科知识。随着一系列科学技术的突破性发展，例如体细胞克隆技术、光遗传学调控等，揭开了人类大脑和认知科学发展历史的新纪元，在此基础上，人类人工智能研究已进入了生物启发的新智能时期，并通过大脑科学、生命科学、社会生物学等领域的研究，已有效完成并把思维机制化为可执行的模式。与此同时，人工智能的发展又反作用于一些传统学科的身上，促进了这些学科的进一步发展。

（五）人工智能产业将蓬勃发展

随着人工智能的进一步成熟及政府和产业界的投入日益增长，人工智能应用的云端化将不断加速，全球人工智能产业规模在未来十年将进入高速增长期。例如，2016 年 9 月，咨询公司埃森哲发布报告指出，人工智能的应用将为经济发展注入新动力，可在现有基础上将劳动生产率提高 40%；到 2035 年，美、日、英、德、法等 12 个发达国家的年均经济增长率可以翻一番。2018 年麦肯锡公司的研究报告预测，到 2030 年，约 70% 的公司将采用至少一种形式的人工智能，人工智能新增经济规模将达到 13 万亿美元。

（六）人工智能将推动人类进入普惠型智能社会

“人工智能+X”的创新模式将随着技术和产业的发展日趋成熟，对生产力和产业结构产生革命性影响，并推动人类进入普惠型智能社会。2017 年国际数据公司 IDC 在《人工智能白皮书：信息流引领人工智能新时代》中指出，未来 5 年，人工智能将提升各行业的运转效率。我国经济社会转型升级对人工智能有重大需求，在消费场景和行业应用的需求牵引下，需要打破人工智能的感知瓶颈、交互瓶颈和决策瓶颈，促进人工智能与社会各行各业的融合提升，建设若干标杆性的应用场景创新，实现低成本、高效益、广范围的普惠型智能社会。

（七）人工智能领域的国际竞争将日益激烈

当前，人工智能领域的国际竞赛已经拉开帷幕，并且将日趋白热化。2018 年 4 月，欧盟委员会计划 2018—2020 年在人工智能领域投资 240 亿美元；法国总统在 2018 年 5 月宣布《法国人工智能战略》，目的是迎接人工智能发展的新时代，使法国成为人工智能强国；2018 年 6 月，日本《未来投资战略 2018》重点推动物联网建设和人工智能的应用。世界军事强国也已逐步形成以加速发展智能化武器装备为核心的竞争态势，美国 2018 年发布的《国防战略报告》即谋求通过人工智能等技术创新保持军事优势，确保美国打赢未来战争；俄罗斯 2017 年提出军工拥抱“智能化”，让导弹和无人机这样的“传统”兵器威力倍增。

（八）人工智能的社会学将提上议程

为了确保人工智能的健康可持续发展，使其发展成果造福于民，需要从社会学的角度系统全面地研究人工智能对人类社会的影响，制定、完善人工智能领域的法律、法规，规避可能的风险。2017 年 9 月，联合国区域间犯罪和司法研究所（UNICRI）决定在海牙成立第一个联合国人工智能和机器人中心，规范人工智能的发展。美国白宫多次组织人工智能领域法律、法规问题的研讨会和咨询会。特斯拉等产业巨头牵头成立 OpenAI 等机构，旨在“以有利于整个人类的方式促进和发展友好的人工智能”。

四、发达国家人工智能领域发展现状

美国的人工智能发展战略突出安全底线思维，强调技术竞赛领先优势。美国人工智能国家安全委员会（NSCAI）在 2021 年 3 月 1 日发布的《人工智能国家安全委员会最终建议报告》中明确指出，人工智能技术的快速发展和广泛应用所形成的数字依赖（Digital Dependence），正在将个人和商业主体的传统弱点进一步扩大为安全漏洞，这些漏洞很可能被攻击，进而威胁美国国家安全。此外，若不加快人工智能技术的应用，美国的优势很可能会在未来十年丧失殆尽。基于上述安全底线思维，在全新的人工智能发展战略中，美国更加强调通过提升全球范围内的人工智能技术优势，确保能够有效抵御人工智能技术进步可能带来的安全威胁，具体措施如：更加强调以人工智能赋能国家情报工作模式，探索出一种将人工智能用于国家安全的恰当方式；在人才、知识产权保护、前沿技术创新等领域制定完善的政策支持框架。其中在前沿技术研发领域，美国确定将每年用于人工智能研发的非国防资金增加一倍，到 2026 年达到每年 320 亿美元，另外建立国家技术基金会，将国家人工智能研究机构的数量增加三倍。美国试图通过上述多维政策举措，巩固和扩大其在人工智能领域的技术优势。

俄罗斯重点关注扩大人工智能实际应用，动员多元主体参与人工智能创新创意。其人工智能发展战略侧重于扩大人工智能技术在社会经济领域的深化应用，以此来推动俄罗斯的数字经济转型发展。2021 年 5 月，俄罗斯政府明确指出将在 2024 年前拨款 52. 6 亿卢布（折合人民币约 4. 57 亿元），用以支持各经济领域中应用人工智能的商业试点项目。为达成上述发展目标，俄罗斯政府同步推出鼓励和动员社会主体参与人工智能技术创新创意的辅助性支持政策，最具代表性的就是计划拨款 12. 3 亿卢布（折合人民币约 1. 07 亿元），用以支持中学和高校在校学生进行个人人工智能项目设计，其中的优质创意还将得到专家学者的指导，并有机会真正落地市场。政府还将在 2024 年前对附加职业教育拨款 12. 3 亿卢布（折合人民币约 1. 07 亿元），帮助民众获得人工智能培训的结业证书。

法国加大人工智能前沿技术研发投入，强化国家的技术竞争力。法国《人工智能国家战略》最早由总统马克龙于 2018 年 3 月发布，其主要内容包括吸引高质量研究人员、建立国际水平研究中心、加强人才培养等。从 2018 年起，法国政府计划在 5 年内投入 15 亿欧元发展人工智能，用于鼓励科研创新项目、工业项目及初创企业，其中 4 亿欧元用于科研项目招标和重大创新研究，8 亿欧元用于纳米电子学。而 2021 年 12 月最新发布的《AI 国家战略》将在原先基础上继续追加投资 22 亿欧元，并列出了三个主要目标：一是提高法国人工智能竞争力；二是使法国成为嵌入式人工智能和可信人工智能领域的领导者；三是加快人工智能在经济领域的应用。

德国在所有发达国家中，工业发展一直处于世界前茅，重视人工智能最初的目的也只是提高工业生产的效率，节约劳动力成本，提高制造技术。人工智能更适用于高端领域的应用，并且人工智能的应用可以很大程度上帮助产业链升级改造。创新与研究是促进未来人工智能发展的重要基础，德国当前拥有比较广泛的研发领域，不断强化人工智能研究。德国政府为了进一步发展人工智能，通过立法来确立人工智能的法律边界。在人工智能的立法方面，德国非常谨慎，主要侧重于人工智能领域的健康发展。德国对于人工智能的立法，对中国以及其他国家都有着重要的借鉴意义。

人工智能作为当今各个国家比较重视的领域，欧盟等其他国家都在不断做着人工智能领域的建设工作，欧盟拥有 20 多个成员国，是一个非常庞大的政治与经济联盟，欧盟也一直致力于鼓励发展相对可靠的信息技术，因此在人工智能领域也采用了同样的治理措施，注重人工智能应用的同时，更着重于人工智能的监管，使其成为值得信赖的应用。不同于美国的发展战略，欧盟国家更相信人工智能对社会和人类的影响，因此欧盟国家更着重于人工智能对于人类社会影响的研究。欧盟国家对于人工智能展开多维度的研究，不只限于人工智能的培养，还重视人工智能网络安全、数据保护等方面。

五、中国与欧美国家发展人工智能的差距

我国是全球第二大人工智能市场。近年来，人工智能产业进入高速发展阶段，人工智能的应用场景从硬件扩展到了软件、服务与平台体系，在工业、农业、医疗领域的行业应用不断深入。但是相比发达国家的先进技术，中国的人工智能在发展过程中主要面临以下三方面的问题。

（一）中国人工智能领域人文道德观念有待提升

中国人工智能虽然发展比较迅速，但是体制相对不完善，因此所承载的人文道德观念尚有待提升。中国一直不断深化人工智能的研究，随着经济的快速发展，人工智能作为新时代科技发展的产物，不断开发新的人工智能，会有一系列新的问题出现，特别是人文道德观念方面。关于人文道德观念方面，中国可以借鉴德国的做法进行立法，在注重立法设定的同时，更要注重道德关怀的提升。比如：AI 的研究边界和伦理道德方面的问题，对于人工智能责任的判定，都需要健全的法规或是准则来限定，可以借鉴欧盟国家的做法，对人工智能进行一定的

监管，规范人工智能的行为，禁止违规的行为。

（二）中国人才培养问题亟待解决

技术的创新与发展离不开高技术人才，人工智能领域的发展更需要专业人才的支持，人才的缺乏，会很大程度上影响人工智能的创新发展，人才的匮乏，很大程度上影响着我国人工智能领域的稳步发展，当前最重要而又十分紧迫的任务，就是人才的培养。

随着人工智能的不断发展，各个国家逐渐意识到人才的培养才是促进人工智能的关键，在人才的培养方面，我国政府制定了一系列人工智能相关人才培养的政策，将人工智能人才培养作为重要的目标。在发展人工智能的背景下，教育也迎来了新的变革，中国教育需寻求新的人才培养路径，培养人工智能的专业人才。为了推动人工智能领域的学科建设，校企双方可以相互合作，联合培养人工智能专业人才，共同建立人工智能培养体系，促进人工智能发展。

和发达国家相比，我国技术人才相对薄弱，技术人才作为我国的中坚力量，为人工智能的建设工作奠基了基础，国家也要足够重视专业人才的待遇问题以及相关的地位问题，只有足够重视这类人才，才有利于促进我国人工智能领域的创新发展。

中国高端人才较少。目前虽然我国青年人才较多，但高端技术人才与专家还远远不够。相较于发达国家，我国技术人才培养起步较晚，补齐人才短板所需的周期较长，目前人工智能领域需要的人才“青黄不接”。因此，现阶段的任务就是要建立专业人才队伍，想尽办法缩短人才培养周期，推进青年人才转化，促进高端人才的培养。

（三）中国人工智能领域配套产业需要完善

中国在技术与硬件设施方面还存在短板，虽然能够在某些领域领跑，但是中国的硬件技术水平还较低，中国自产的专业零件占比不高，在技术与硬件方面容易被其他国家“卡脖子”，长此以往，需要看其他国家的脸色，对中国来说非常不利。例如，一些进行网络训练的芯片，中国生产商所占市场份额不足

30%，尤其是在软件行业以及处理器方面，这是必须改变的。

人工智能的发展需要配套的产业链与结构链，需要各个领域的支持。人工智能的发展需要使用更多更合理的方式进行，而配套产业的发展，能使有限的资源被合理化利用，在优化资源配置结构的同时，能够促进人工智能规模化、多样化的应用与发展，为人工智能研究提供更多的操作空间，从而使人工智能研发应用的效率提高。

六、中国人工智能领域发展的策略

党的十八大以来，以习近平同志为核心的党中央高度重视科技创新工作，坚持把创新作为引领发展的第一动力，把科技创新摆在国家发展全局的核心位置，全面谋划科技创新工作，加快推进科技自立自强，我国科技事业取得历史性成就、发生历史性变革。人工智能是新一轮科技革命和产业变革的重要驱动力量。习近平总书记指出，要促进人工智能“同经济社会发展深度融合，推动我国新一代人工智能健康发展”。

（一）及时跟进国际前沿技术

与欧美发达国家相比，我国的人工智能研发起步比较晚，有着大量的研究空白需要填补，而填补这些空白最直接有效的方法就是学习其他国家的先进技术，这样不仅可以推进我国人工智能的发展进程，节省大量自主研发的时间，同时还可以学习发达国家的经验，逐步建立起符合我国特色的人工智能体系。

学习国际上先进的人工智能技术意义重大，它是国家快速发展的一条重要途径，学习这些先进的技术不仅可以借鉴别国的发展经验，而且还能从中领悟到别国的发展方向和方法。

（二）提高科研经费

人工智能领域的发展，离不开雄厚的科研资金。充足的科研经费是解决一切人工智能问题的基础，只有资金到位，人工智能的研究工作才能顺利进行下去。如今，我国的科研经费虽然比以前有着显著的增加，但与发达国家的科研投入相比，仍存在着一定的差距，这也反映出我国的相关科研政策还需不断完善、健全，需要提高科研投入，进而促进人工智能行业的可持续发展。

（三）提升领域内学者待遇，吸引人才

现阶段，我国的人工智能行业相较于其他行业而言，待遇水平较高，良好的待遇是吸引专业人才加入此行业的基础。但丰厚的劳动报酬仅局限于专业的研究领域，绝大多数的研究人员薪资待遇水平仍显不足，需要国家出手进行干预，这样才能尽可能地提高科研人员的社会地位，吸引更多的人才。

（四）开展人工智能关键共性技术的研发

现阶段，我国的人工智能平台建设需要多方携手，共同合作，从全局出发，统一对我国学者和企业已经掌握的技术进行调度，不断推进人工智能的革新，协力打造人工智能产品，更好地发展人工智能，使更多的人享受到人工智能带来的便利。对于重点研发项目，必须集中力量进行攻坚，建立健全核心技术的研发体系，全面提升技术的研发能力。

由于人才的严重不足，开展人工智能关键共性技术的研发对于现阶段而言十分重要，这项工作可以快速推进人工智能领域的发展进程，充分发挥人才的优势作用。此外，对平台建设的集体研究为今后的科研工作打下了坚实的基础，有利于人工智能相关产业的协同发展。

（五）加强人工智能开源平台建设，开展示范应用

加强建设人工智能自主可控的开源平台，能够促进各个地区研发机构对人工智能的理解，充分发挥国内有能力的企业以及科研院所的领头羊作用，积极推动国产开源项目研发工作与相关项目的及时应用，有利于化解来自国外技术平台的封锁风险，推动从智能硬件到智能软件平台的全栈式产品研发体系，支撑更大的应用模式和创新空间，构建有利于创新的开放式、协作化、国际化的国产智能自主创新生态系统。平台建设与创新机制都能够让人工智能领域焕发生机。

（六）注重人工智能与数据安全

人工智能数据安全问题是目前全世界所面临的难题，做好人工智能数据安全保护可以促进人工智能的发展更加完善。人工智能所需要的是数据化建设，人工智能的发展必须做好隐私服务方式，让人们信任人工智能，积极推进数据化建设。人工智能的发展走到今天，主要是依靠互联网和数据化建设，要做好网络建设就必须做好安全和隐私防护，不能步某些国家窃取盗用隐私的后尘。

第三节　人工智能与内容生产

通常情况下，文化产业被人们称之为内容产业，它与文化资源、文化经济有着必然的联系。内容产业在不同的技术条件下，所产生的内容会有不同的侧重点。大众媒体时代，内容产业更侧重于对文化资源的产业化开发；在互联网时代，更侧重于多种形式的数字内容的开发。内容产业、内容生产对于技术的依赖性是显而易见的。在互联网时代，用户与用户、用户与平台、不同平台之间的交互性成为内容生产的主要生命力所在。相比之下，人工智能的交互，无论从主体、客体，还是从界限性而言，都将有很大的突破，人工智能将开启交互式内容生产的新时代。

一、互联网时代的内容生产现状

“网生”力量作为一种新生内容生产力量，对促进社会发展发挥着重要作用。“网生”力量一方面承载了专业文化内容生产的较大优势，另一方面又起到了充分激发用户积极参与的作用。基于网络的角度，用户和平台之间是相互交互的关系，通过用户的反馈和建议，为内容生产及更新创造了有利条件。“网生”时代，促使用户、平台、文化内容产品这三者之间形成了一种动态的交互建构关系，基于这种动态的交互建构关系，文化内容产品的意义不得已被重新构建，用户可以在网络空间实现个性化以及动态化解构。

1. 以信息生产为互动核心的内容生产方式

"网生"时代背景下，内容产生有以下三种方式：基于大数据的内容定制性生产；以搜索引擎为代表用信息生产信息；内容交互式生产。从这三种内容生产方式不难看出，用户才是主体，用户对于信息的需求是内容不断生产的重要动力。

2. 以用户互动为核心的内容生产方式

网络技术的运用促使作为内容生产主体的用户得以回归。用户可以在网络平台上发挥自我、表达自我，进行自由创作，在网络平台上通过运用文字、图片、音频、视频等多种形式进行创作，并发布到平台上，通过直接的内容获利（如打赏、捐赠）以及增值服务收费等方式来获取经济收益。

对于网络平台上文化内容的生产，并没有明确的内容界限，因此文化内容生产的范围也越来越广，文化内容生产参与的用户也越来越多，内容生产的多样性及广泛性也激发越来越多的用户参与进来。

二、人工智能为内容生产带来的新机遇

自2016年谷歌旗下的人工智能机Alpha Go战胜围棋世界冠军李世石，人工智能以引爆话题的方式进入公众的视野。近年来，公众对人工智能产生了许多忧虑，但又逐渐为人工智能的精准算法、深度学习、数据处理、语音/图像识别技能所折服。硅谷精神之父凯文·凯利预测，人工智能将是下一个20年颠覆人类社会的技术，它的力量堪比电和互联网。那么，文化内容生产领域将面临怎样的新的发展机遇呢？

（一）更优质的内容

目前，人工智能在文化传播领域的应用主要体现为机器的自动化生产和智能推荐两个方面。人工智能进一步增强了新闻线索源头和呈现方式的多元化。早在2010年，美国一家名叫"叙事科学"的服务公司推出了一款名为Quill的写作软件，能从不同角度将数字转化为有故事情节的叙述文。国内新闻协作机器人主要有腾讯旗下的"Dreamwriter"、新华社发布的"媒体

大脑”平台及其旗下的“快笔小新”、今日头条旗下的“Xiaomingbot”等。这些协作机器人完成的新闻内容，相对于人工写作的内容：首先，在语法错误、错别字甚至是逻辑错误上能够自动检测并规避；其次，内容展示方式上更加多元化，人工智能可以快捷地将文字内容转化成符合算法的多种媒体形式的内容；最后，突破传统媒体“把关人”对内容的审核，人工智能可以根据关键词、数据资料等自动标记。

（二）更高的生产效率

高效是人工智能的主要特征之一，有助于提高内容生产和推广的效率。首先，人工智能的学习时间更短，相较于人类的内容学习而言更加高效。人类如果要将几千首诗读一万遍，大约需要 100 年的时间，但创作现代诗集《阳光失了玻璃窗》的人工智能小冰用几天甚至更短的时间便可实现。据媒体报道，《每日镜报》和《每日快报》的出版商 Reach 正在探索利用 ChatGPT 帮助记者撰写短篇新闻报道。Reach 首席执行官吉姆·马伦（Jim Mullen）在接受当地媒体采访时表示，该公司已成立一个工作组，研究如何利用 ChatGPT 协助记者编写一些常规性的新闻，如涉及当地交通和天气的报道，或者在传统内容领域之外为 ChatGPT 找到创造性用途。尽管探索使用 AI 协助撰稿目前还处于早期阶段，但该媒体已经将其视为支持编辑团队的工具。其次，相较于人类完成一部作品需要耗费几年、十几年甚至一生的时间而言，基于深度学习和云计算，人工智能在短时间内完成多个相似篇幅、结构、品质的内容作品，并且这些内容作品往往比人类创作更容易获得用户的青睐。再次，未来甚至不再需要人来核查，人工智能通过自身的重重筛查，就可以高效地实现“屏障”和内容“过滤网”的作用。最后，内容的高效精准投放在当前的信息投放中的应用已经可以窥其端倪。未来人工智能的广泛应用，会使对用户行为记录、汇总、归类、分析、反馈，以及内容的重新归类，内容与用户之间的关联和生成新的推送链接等一系列操作融为一体，在极短的时间便可完成并呈现给用户精准推送的内容信息。

（三）更充分的用户体验

优质 IP 是内容产业的核心竞争力之一，人工智能依托大数据、深度学习、云计算等技术，能够生产出更具娱乐性、体验性的内容作品。首先，人工智能的深度学习、云计算能够集合更多人类创作无法兼顾的文化内容元素，从而创作出更符合我国优秀传统文化价值理念的 IP 作品；其次，人工智能可以根据云计算获取内容吸引力的有效预期，并且借助一定的虚拟呈现技术更快捷、更精准地生成用户喜欢的展示方式。同时，部分公开的数据信息如阅读量、收看次数、点赞量、点击率、收藏量等，也为内容生产和分发提供了及时的数据反馈。相较于大众传播和互联网时代的信息反馈机制而言，人工智能更看重的不是反馈的过程，而是依托数据分析的反馈结果及对应方案。除了改善用户的阅读/观看方式外，人工智能还为用户带来虚拟场景，以及虚拟场景和现实场景之间的交互体验，这是以往的文化内容和服务无法企及的一种体验服务。科幻影视剧中的剧情是一种源自现实的大胆想象，这也是未来智能机器人的主要发展方向：为人和机器共处的社会提供更接近真实、自然的交互体验。

（四）数据成为内容生产的核心要素

人工智能生产更多的是依靠机器对内容数据库的学习、分析、模仿而生产出的文化内容，数据库资源越丰富就越有助于智能机器的学习、模仿和“创作”。所以，数据将成为人工智能生产转型变革的核心驱动力。首先，依托互联网这个大社群，人工智能时代的大计算变成强劲的生产力，大数据变成取之不尽的生产资料。人工智能时代，不只是人类的创作需要依据数据对自己所涉及的领域进行前瞻性的预测，机器智能创作或生产的素材同样源自其对应的数据库。其次，人工智能将有助于推动内容产业的供给侧改革。一改依托用户需求进行内容创作和生产的传统的按需生产的模式，在人工智能时代，无论是机器智能还是区块链等，都有助于推进供给侧提供更有价值的内容。依托于人类智慧的机器智能不仅将人与人、人与机器、人与万物关联起来，还为内容生产者和传播者提供了语言识别、机器翻译、解释图像等技能，使信息、内容不仅跨越地域，也更便捷地跨越了语言障碍。再次，内容生产中的信息服务、用户调查、注意力获取、内容投递、内容推广、注意力变现、反馈数据分析等一系列操作，在人工智能时代是一体化的，它甚至可以在极短的时间内完成所有运算，并呈现出理性、量化的建议或处理结果。

纵观人类社会科技发展的历程，不难发现，任何一种新技术的诞生都源于人们对体验的更高追求。相较于以前甚至当前的内容生产更多地是以人的脑力劳动为主要生产资料，人工智能时代内容生产的核心生产资料则是大数据资源。基于大计算，这些大数据资源在互联网社交环境中，将或与人工内容生产合作，或由人工智能独立自动生成内容作品，生成一大批符合用户体验需求的、不同服务形式的内容产品，进而达成人工智能时代内容生产的预期目标。与当前的内容产业一致的是，人工智能时代，优质 IP 的影响力依旧是关注的重点；不同的是，这些优质 IP 不再仅源自人工创作，优质 IP 的表现力也不再简单局限于当前的娱乐方式，而是更强调用户的交互体验质量。

三、人工智能时代内容生产面临的挑战

如今，智能语音识别技术、自然语言搜索技术、图像识别功能以及大数据分析技术已逐渐成熟并在各个领域广泛运用，但是人工智能的发展也给内容生产带来了巨大的挑战。

（一）对现有内容生产模式的冲击

人工智能对目前的内容生产者和生产机构产生了巨大的不利影响，具体体现在以下四点：第一，人工智能在海量数据资源的基础上进行创造和生产，其创作的内容要比人工创作的内容更加具体、综合。第二，人工智能生产内容的效率要远远超过人工生产内容的效率。有关研究表明，人工智能在新闻信息领域的工作效率远比新闻工作人员的工作效率高。根据软件后台迅速、高效的数据分析处理能力和各式各样的内容表现形式，

人工智能可以实现的内容是人类无法达到的。第三，人工智能下的媒体商业运营将会极大地限制创作者的自主性。人工智能内容生产的效率和品质，将使人工创作内容的积极性和创作动力大大降低，也会大大压缩人工创作内容的自主性空间，同时在内容生产中，人类的创意所占比例也会逐渐降低。内容的意义是内容生产的关键，这里提到的意义是指对人类产生的意义。第四，在人类内容生产时期，内容生产的核心因素是具备创造力的人，但在人工智能时代，内容生产的主力是高智能机器，这必定会使从事内容经营的组织企业产生颠覆性的改变。

只要具备人工智能和相应机器，不管该组织机构的性质和运营怎样，都能够形成优秀的、满足大众需要的文化内容，这就颠覆了内容生产的意义。由于智能技术的加入使我国现存的内容生产链面临改变。在中国现存的内容生产链中，用户间的交流互动是文化内容或产品流传的一种形式。用户参与意义的建立以及对原生内容创作的吸引力是用户之间交流互动的主要动力；而原生内容的创作主要是依赖创作者的创新理念，以及创新理念与线上用户间的利益重合程度。假若一部作品可以迅速、广泛地激起大量用户的利益共振和情感相通，它就可以在短时间内获得大量粉丝，且在用户交流互动的过程中使作品内容意义的建立得以延续，在周而复始的用户参加的意义建立中，作品自身越来越符合用户的需要，这类原生作品就属于人们所说的高质量 IP。基于高质量 IP 的影响力和固定的粉丝群体，较为普遍的、高效的内容生产链是对正版内容作品进行版权开发，主要开发形式有影视作品、书籍、游戏、衍生物等形式。在目前存在的生产链中，塑造高质量 IP 是生产链的发端，开发多样式的内容 IP 是生产链的延续，同种内容的各种表现形式以及开发方式的先后顺序、关键性都不相同。人工智能时代，内容本身是在大数据分析的基础上定向产生，内容经营者不需要顾及用户反馈过程出现的错误；在时间方面，内容的市场检验时间极短，可忽略不计，进而可以在同一时间直接向用户呈现内容的多种产品形式，使用户可优先选择关注或采纳哪类形式的内容产品。人工智能内容生产链的组成是多向的，不是传统的单一线性的结构。

在内容生产领域，人工智能的应用越来越普遍，内容生产模式也在不断更新，内容行业利益也将重新调整。具备人工智能的企业将逐渐发展为内容生产市场的核心力量，且随着技术水平的提高，内容市场垄断的现象也更容易发生。这不仅对内容创作和内容生产“意义多元化”的建立产生不利影响，还会对文化市场甚至整个经济市场产生巨大冲击。也许，重新分配内容产业的利益只是人工智能对人类社会产生革新和冲击的一个小的层面。

（二）人工智能替代的更多的是工作而不是体验

当机器取代流水线后，人类从中获得的唯一感受是对工作的体验，这一点是机器无法取代的。目前，人工智能的应用领域越来越多，但有些领域的内容却不能使用人工智能进行生产，那些依赖于调查、深入访问等固有数据缺乏且存在感强的内容生产种类，在短时间内是不可能通过人工智能完成的。

在以往的媒体时代，社会中的精英人才通常是内容生产者，但是随着人工智能、数字技术的发展，内容生产逐渐从生产链的首端走向尾端，而生产技术和资本渐渐朝着生产链的首端发展。要想成为信息界的佼佼者，就要具备较高的技术水平和拥有雄厚资本实力，能够依据消费者的喜爱风格推送有关信息，还可以让用户陷入资本和人工智能的封闭空间。这种运营机制是借助运算方法体现出内容的最大商用价值，随着客户信息的日渐套路化、稳固化，内容生产的限制性也慢慢显露出来。就像马云在世界人工智能大会上讲到的：“机器永远不可能有价值观、有梦想、有爱，机器只有 chip（芯），而人有 heart（心）。”

在新闻内容的人工产生方面，人类从始至终都不只是一个生产工具。相比于人工智能内容，人工内容提倡理性思维但更强调感性的表现，而人工智能内容则更具理性、客观性和逻辑性。创造或生产的意义只有借助感性才能更好地表达出来，所以通过人工智能写出的作品不一定可以准确表达出作品的真正内涵。科技只会让人们更加方便舒适地生活，但它并不能改变人类生活的本质。在信息化时代，人工智能或许可以熟练地掌握某些知识和生活技巧，也可以设计出更精致的文学内容，但是科技并不能替代人类的情感变化和对生活的美感。

对人工智能生产的内容进行研究探讨，本质上就是对人工智能在内容生产过程中所扮演的角色进行探讨。关于这一点，一部分人将人工智能看作是“计算机辅助”，一部分人将人工智能看作是“生产终结者”，还有一部分人将人工智能看作是人工创造、产生并行的存在。在此，著者认为，人工智能在内容生产中居于辅助地位。这是一个正引人关注并感到害怕的新兴领域，人工智能“矢在弦上”，它的改进和广泛传播定然会促进社会各界发生巨大革新。变革的过程充满痛苦，但又无法避免。

第三章　智能传播语境

第一节　智能传播概念

一、智能传播的含义

目前学界、业界对“智能传播”这一概念的理解有狭义、广义之分。本书采用广义的概念。智能传播是指将具有自我学习能力的人工智能应用在信息生产与流通中的一种新型传播方式。

研究者对智能传播从多维的角度进行了深入阐释。彭兰认为人工智能时代意味着内容生产进入 2.0 时代，迎来新内容革命——以算法为核心的内容分发 2.0，个性化与社交化交织、消费与生产一体的内容消费 2.0。四川大学杜杨玲将智能传播看作一个系统，认为该系统由泛在网络作为基础设施，使人工智能延伸至人脑。郭全中认为，智能传播可以视为我国互联网媒体演化到 3.0 阶段的最新传播方式，以智能化、数据化为特点。谭铁牛、曾静平认为智能传播以超级大数据为依托，应用于现代传播作品的组合、拼装、配送等生产环节，以及内容识别和产业管理等方面。上述研究者的观点不尽相同，但是在两个方面形成一定共识：第一，智能传播是一个带有标志性意义的新的传播阶段；第二，智能传播是在智能化、数据化基础上覆盖新闻采集、制作、分发、经营等各个环节的新的生产传播方式。

本书认同上述学者的判断，所指的智能传播语境为以智能化、数据化、网络化为特征的新的传播阶段。与传统媒体为主的大众传播相比，智能传播阶段有几个鲜明的特点：首先，智能传播阶段的新闻生产以人机协同为特征。智能化技术成为这一阶段新闻生产的助力和支撑。其次，智能传播阶段的新闻生产仍以移动互联网为基础设施，网络社会原子化的个体成为智能传播阶段新闻生产的复杂面向。再次，数据成为智能传播阶段新闻生产的基础资源。智能媒体借助各种数据进行新闻生产、竞争对手分析、用户消费行为分析、精准广告投放等。最后，智能传播阶段适配于内容海量的情境，生产、分发、消费三者的界限日益模糊，三者互相渗透、相互驱动。

二、关于智能传播的研究

在知网等学术文献聚合平台上用“智能传播”进行主题和关键词检索，得到 1 000 余篇国内论文。相关研究最早见于 2015 年，近年来论文数量激增，关注度得到迅速提升。研究课题包含对平台打造、算法伦理、新闻生产流程重构、对外传播等议题的思考，显示出较高价值。

孟威认为智能传播是依托人工智能和大数据等新兴技术，以物联网和智能技术进行内容生产、传播和营销的一种全新传播方式。孙江等认为智能传播需要由人工智能驱动，帮助人类在“模拟、延伸和扩展”过程中，实现环境感知和知识的获取、使用。许向东等将智能传播视为一种新的传播形式、体系和生态。总之，智能传播是一种智能化的传播，是智能技术与新闻传播的深度融合，具有传播及时、交互性强等明显优势。

研究初期，学者主要关注智能技术对传播方式和传播产业的影响。如郭全中等认为智能和技术将为个性化推荐助力，智能传播是一种新型传播方式。刘雪梅等较早关注人工智能在新媒体传播中的应用趋势，认为人工智能有效提升了新媒体生产传播效率和受众体验度，具有重要的商业和政治意义。

2019 年起，我国媒体开始在新闻生产中规模化应用人工智能。各级媒体积极探索智能传播路径，进行机器新闻写作、虚拟主播播报等创新实践。机器人写手腾讯“Dreamwriter”、今日头条“张小明”逐渐为人所知，新华社“媒体大脑”输出的系列融媒体产品也频频进入媒介视野，为公众所喜闻乐见。

宏观上，智能传播对媒介生态的影响主要集中在内容营销、社会舆论等方面。夏雨禾研究发现算法化、数据化和在线化是智能媒体三大特质，在推动传媒业智能化的进程中也出现了业态重构的阵痛，研发“媒体大脑”、破解算法“黑箱”以及理性对待媒介技术是推动智能传播持续向好的可行路径。

智能传播伦理问题引发学界广泛讨论，主要包括算法偏见、新闻规制和人际关系三个方面。许向东等学者认为智能传播中的算法偏见是社会偏见的延伸，对新闻规范、用户权利和社会凝聚力产生了不良影响，法律、技术、第三方和算法伦理四个维度或能有效约束与规制。喻国明等学者将智能化视为未来传播模式创新的核心逻辑。文中认为人工智能介入内容生产既从宏观上形塑传媒业态，又在微观上重构新闻生产流程，从新闻采集、编辑到认知体验、内容推送等具体新闻生产环节探讨了智能传播的基本运作范式。别君华认为技术具有成为考察智能传播的重要维度，既要研究智能传播“具身转向”，也应对人机共生问题保持关注。

智能传播的出现给法律带来了一系列的问题，虽然这些问题的研究价值比较高，但与此有关的研究并不充分，因此无法有效解决智能传播带来的现实困境。造成隐私权侵犯的主体是个人、技术公司以及媒体，对隐私权的保护与侵犯问题，我国有着较高的关注度。利用大数据非法收集他人信息以及滥用个人传播权等都会侵犯隐私权。除此之外，对人工智能涉及的劳动法与权责规定等问题也逐渐开始走进人们的视野。

智能传播与新闻教育体系的影响也不容忽视。史安斌等认为，新闻学院可以通过调整教学课程和教师选拔机制进行结构性变革来应对智能媒体时代变局，缓解行业升级阵痛。杨妮等认为人工智能时代的新闻传播教育应坚持培养具有扎实专业基础、道德修养和通识实践能力的新闻人才。喻国明也强调了要扎实打好采写编评基本功，未来新闻传播专业人才应注重提升材料挖掘与处理能力，增强对事物的感知能力，通过数据调控引导社会和舆论。

陈昌凤认为未来技术可能体现出社会、信息和“人”的价值倾向，未来智能传播会更突出人的主体地位。曾静平、谭铁牛也对未来智能传播提出了10条设想，包含了智能场景和信息遍地开花、争夺人工智能产业生态系统的话语权、人工智能会对经济社会的格局产生重大影响、未来常态定是人机混合智能、智能化传播的常态化发展等。

世界上其他国家对智能传播的早期研究主要集中在探讨人际关系、算法的影响、智能技术原理上。国外将智能传播出现的智能新闻叫作“自动化新闻”或者“机器新闻”，对我国的智能传播研究产生了重大影响。

技术理论支持方面，1950年，有着“人工智能之父”之称的艾伦·图灵，在出版的著作《计算机器与智能》中创新提出了“机器能思考”的观点。之后的1964年，加拿大的麦克卢汉提出“媒介即人的延伸”，该观点表示所有的媒介都是人类感官或人类感觉的拓展。即便当时并没有出现智能传播，但这一观点点出了科技对传播的重要性。斯图尔特·罗素又提出智能传播可以把物、机、人和环境的关系进行重组，是一个“复杂巨系统”，媒体逐渐泛化。

算法影响受众方面，关于个性化新闻推送系统对用户的影响、“过滤气泡”和“回音室效应”的分析等问题上，国外的学者主要分析方式是实证。对于算法理论问题，意大利的卢恰诺·弗洛里迪认为，智能技术在生产和分发信息的过程中可能产生负面影响，要提倡用更多的伦理行动和专业智慧进行理性思考，这一观点在《信息伦理学》中提出。也有个别学者认为用基于机器算法学习和情感的算法模型代替理性决策，会让算法决策具备伦理暗示。

人际关系的研究方面，最受关注和讨论最广的问题就是“记者是否会被人工智能取代”，学者认为未来的智能技术会和人类密切相关，就像姻亲关系一样。当前社会中，智能穿戴设备、智能电子设备等遍地开花，技术和社会关系越来越密切，例如国外的信息分发平台，以“Facebook”为代表，立足于大数据的推荐机制，生动体现了智能技术的人性化和服务性。正如历史学家尤瓦尔·赫拉利在自己的著作《未来简史》中提到的一样，“人机融合正在深度地进行着”。

总体上，在学术界大多数都注重智能传播的研究，但是国内与国外的侧重点有所不同。在国外，主要的关注点是根据技术原理、人工智能和算法进行研究，对我国的智能传播有着深远影响。在目前，智能传播的研究热度较高，其分布也相对较广，促进智能传播成为新的传播生态引擎。通过什么方式将智能技术的优势发挥到极致，这就离不开业界与学术界的共同努力。

第二节　人工智能在新闻业的应用

一、人工智能对新闻业的影响

（一）人工智能带给新闻业巨大机遇

开拓了新型的信息渠道。通过这几年的不断进步，机器写作已逐渐在人工智能领域占据了重要地位，特别是在地震预测、体育赛事以及证券交易等方面尤为突出，机构的网站能够为信息提供专业的接口，机器可以迅速地保留其中的信息，并且自动编辑成新闻进行推送。2018 年上旬，在“两会”期间，新华社的媒体人工智能平台“媒体大脑”从 5 亿网站中收集有关的热点词语只用了 5 秒，而且还发表了视频新闻——《2018 两会 MGC 舆情热点》，那条视频新闻逐渐成为网民嘴里讨论的热门话题，以大众的“关注点”为基础，寻求新闻信息存在的价值，从而使得报道更加准确。

新闻具有良好的互动化。在与人工智能的协同合作下，多家媒体开始将 VR/AR/MR 与大数据技术相互结合，共同推出“沉浸式的新闻”，这种技术能够给阅读者带来一种身临其境的感受，使体验感更加真实。在庆祝中华人民共和国成立 70 周年大会上，中央广播电视总台以及新华社等多家媒体运用了“VR+5G+8K”等多种技术，对现场进行了全方位的直播，观众可以根据自己的喜好自主选择所观看的视角，全方位地感受到阅兵仪式的震撼，与此同时，还有专业的解说进行全程解说，提高观众的参与感以及体验感。

提升了新闻创作的效率。将人工智能带入新闻生产环节中，处理一些较琐碎的工作，逐渐使记者从这种烦琐的体力工作中脱离出来。例如一些自然灾害、体育赛事、财政交易等，人工智能可以对信息进行快速的分析处理，并且准确地创作新闻进行发布，而且人工智能的出错率要比人工的出错率低很多。

（二）人工智能带给新闻业多种挑战

部分工作陷入被取代的境地。虽然人工智能在一定程度上解放了工作人员，但是无法做到在短时间内彻底取代人类，因此我们要有危机感。部分媒体已经采用机器人写稿，部分较为基础的工作被取代，这就意味新闻工作人员需要在工作中投入更多的精力，专业的新闻素养以及自主性和创新性就显得格外重要。

把关权利存在被挑战的危机。在以往传统的媒体时代里，行业内部存在着极其严格的把关制度，主要体现在新闻工作人员的把关以及社会责任意识方面。随着时代的发展，算法机制也得到了很大的改善，平台逐渐将大众媒体取代，将成为新的把关者，这就是造成新闻把关落后的主要因素。从用户的个性化以及喜好出发进行把关，就容易造成个人对新闻价值感知的衰退。因此，要想在未来更好地传播，就需要更加准确的个性化推荐，还要优化公共性的信息服务，调节好个性化以及公共性传播的均衡状态，合理处理社会整合与个性满足之间的关系。

用户隐私存在被泄露的风险。人工智能的应用存在着许多隐私泄露的漏洞。在未来，媒介的发展特别需要依靠数据进行挖掘，需要对用户面部进行一个精确的扫描，并且对用户的行为进行严格的分析，只有运用合理的方式，对存在的风险进行严格的管控，在伦理层面上，将人工智能引领到正确的道路上，才能将用户隐私泄露的风险降至最低。

二、人工智能时代新闻业的发展前景

（一）融合发展，媒体加速智能化进程

全力打造智能媒体的矩阵，全面建设新型的媒体平台，这是媒体相互融合共同发展的主要方式。2019 年 3 月 16 日出版的第 6 期《求是》杂志发表了中共中央总书记、国家主席、中央军委主席习近平的重要文章《加快推动媒体融合发展　构建全媒体传播格局》。文章指出，要探索将人工智能运用在新闻采集、生产、分发、接收、反馈中，全面提高舆论引导能力。这为人工智能与新闻行业的相互融合提供了基础，指明了前进的方向。

（二）形态创新，推动人工智能深度应用

随着 5G 时代逐渐到来，5G 技术与人工智能对新闻的发展起到特别重要的影响，新闻的表现形式也在逐渐地改革创新，现今，大多数主流媒体逐渐开始新的形式创新，如“VLOG+新闻”等诸多新形式。此外，多家主流媒体已经开始运用 5G 技术，探索新的融合方向。2019 年 11 月 20 日，我国建设成立了第一个国家级别的 5G 新媒体平台——中央广播电视总台央视频，其主要技术运用了 5G+4K/8K+AI 等新技术。

三、人工智能在新闻生产中的应用

近几年来，随着科学技术的不断进步，互联网的发展取得了不错的成就，人工智能在全球开始迅速崛起，并逐渐地被应用在新闻行业的各个领域中，信息采集的方式也逐渐被这种新型的模式所代替，从而促进了整个新闻产业的改革与完善。

（一）人工智能在新闻生产领域的全新尝试

随着移动化的发展，人工智能在新闻领域的应用也面临更多机遇和挑战。人工智能在新闻领域的产物主要有传感器新闻、机器人新闻写作、机器人新闻采访、个性化新闻、分布式新闻、临场化新闻和对话新闻等。这些新闻大多在欧美国家和国内的一些主流媒体的体育类、天气预报类和财经类的新闻报道中得到应用。大数据通过对网上的热点事件、网民的舆论动向进行收集和分析，找到新闻选题。机器人新闻写作具有开发长尾效应的效果，并且发文速度快，可以让记者从简单的写稿中脱离出来，将精力放在一些深度报道之中。我国的不同媒体平台都在不同程度上使用人工智能进行核实、分发新闻稿件。利用大数据和人工智能根据一定的关键词和数据分析判断适合用户的新闻，通过哪种渠道更易于用户接收；在新闻标题和内容制作方面可实现人机协作，更好地提升用户满意度和体验感。

（二）人工智能在新闻生产中运用的特性

1. 传感器开辟新闻信息采集和反馈的新维度

在数据的产生和收集方面，以往收集新闻信息的一般方法是记者去现场拍摄或者从目击者的描述中获取真实有效的信息。在人工智能时代，可以借助传感技术收集以往那些人力无法采集到的新闻信息，这种技术极大地改变了以往的困境。

传感器可以替代人类来检测和认知，可以代替人的眼睛、鼻子、耳朵、舌头和皮肤来获取环境的视觉、嗅觉、听觉、味觉和触觉等信息。在新闻信息源中被应用的传感器可分为两类：一是借助传感器记录下的环境数据。美国某家新闻机构在 2014 年发现路易斯安那州海岸枯竭和水土严重流失状况，并采用可视化新闻的方式将此事揭露出来。二是传感器能够记录个体的生理数据。例如如今的小米手环，它可以记录个体心率变化和走路步数，这离不开传感器的作用。中央电视台在 2014 年创作了《据说春运》，具体内容为由 2 亿拥有智能手机的归家者的路线构成一幅春运图，这是中央电视台借助手机百度地图和一些定位软件采集的用户地点数据而创作的作品。

在新闻生产中，信息收集是第一步，也是最关键的一步。由于人工智能的运用，获得信息的途径变得更加多样化，其中最重要的是传感器。在新闻行业中引进传感器，不仅拓宽了新闻信息源的获取途径，还可以获取比较真实的数据信息，这种方法既可以充实新闻报道内容，又可以激发用户的阅读兴趣。

以前的信息采集技术具有限制性，既有无法触及的领域，同时搜集的信息也可能会变形或缺漏，在信息采集中应用传感器拓展了采集维度，极大地解决了上述问题。传感器不仅可以对信息收集的维度进行完善，还能为新闻供应预知性的报道，实时监督和预测未知动态的改变。从积极的角度讲，人工智能发掘的数据数量多、效率高、数据种类多，不仅发掘了文字数据，还发掘了视频、音频、图像甚至地理位置等数据。自动化新闻拓展了整个新闻的覆盖范围、改变了形式、增强了时效性，还冲破了人类能力的界限，同时也缓解了人们的压力，使专业记者将更多的时间花费在新闻阐明、挖掘语境和意义的建立上。

2. 机器写作重新定义写作者与写作模式

机器写作最早在40年前便在耶鲁大学出现，所以这并不是一个新奇的事物，它是全球首个运用算法程序自动形成新闻，并在财经和体育类新闻最早运用。以往的新闻仅是对数据进行叠加，不具备可读性。目前，在人工智能新闻中添加消费者的个人爱好，使用大数据将用户喜爱观看的新闻类型、喜欢的风格形式进行解析、搜集、总结，之后将整理好的新闻推送给用户，从而促使用户的可读性体验显著提高。人工智能新闻写作的流程是：第一步先采集整理大量的数据，挑选出可供人们阅读的内容，决定报告内容的新闻价值后选择报告的角度；第二步按照新闻人员以前设计好的新闻模板进行组合运用；第三步再使用自然语言对其进行修整、修饰，经过这一系列步骤就可以获得一篇标准的机器新闻。

2011年美国Narrative公司利用Narrative Science算法用30秒左右的时间就写出了一篇新闻。2014年，美国的《洛杉矶时报》在地震后的3分钟内发出了一条与该地地震相关的短新闻，该新闻的作者是机器人记者Quakebot。新闻追求新鲜性和时效性，机器人在这方面比传统记者更具有优势，这可以缓解新闻记者和一些从业者的压力，使其面临某些突发类事件时可通过机器人获得一手新闻。2013年，美联社使用“自动洞见”公司的算法自动生成了3亿条新闻，比全球媒体记者写的新闻总量还多。因为机器人新闻有固定的写作模板和语言处理方式，所以比起传统记者来讲，少了一些华丽的、情感类的语言。然而也正是有一套固定的模板，所以在技术处理的问题上更不容易出错。而且这套算法和模板一旦定型，就会一直沿用，没有太多的创新体现在写作中，因此机器写作在一定程度上减少了新闻的生产成本。机器新闻目前大多数应用在财经和体育领域，因为这些领域收集的数据更加纯净。未来的新闻生产模式是机器人生产内容（CGC）、专业新闻记者（PGC）和用户生产内容（UGC）一同构成新闻信息的三大主体。人工智能将使人与机器协同生产内容。

3. 虚拟现实和增强现实重新定义新闻体验

随着互联网技术和数字媒体技术的不断发展，用户对移动端的需求越来越强，用户的阅读习惯发生了改变，并且对接收的信息也提出了新的要求。传统媒体点到面的传播方式已经不能满足当今的用户，并且用户对阅读的体验感也有了更高的要求。人工智能时代，媒体利用虚拟现实技术、增强现实技术和混合现实技术为用户营造“身临其境”的在场感的“沉浸式新闻”。所谓的“沉浸式新闻”就是在新闻报道中运用虚拟现实技术和增强现实技术，然后将事件发生的过程和地点 360°全景式地进行采集和录制，经过后期的技术编辑呈现在用户的面前，让用户仿佛置身于新闻报道环境中，满足用户对新闻报道的把握和认知。VR 和 AR 技术正是在用户阅读的舒适度和真实感上做出新的突破，能为用户带来身临其境的代入感，仿真技术的运用优化了感官体验。此项技术在大型新闻报道和重点新闻报道中已被广泛运用，也是未来新闻发展的一个趋势。

在 2016 年里约奥运会期间，奥林匹克转播服务公司（OBS）和美国 NB 合作播出了长达 85 小时的奥运会 VR 节目。这些节目中包括了开幕、闭幕仪式以及击剑、拳击、体操、沙滩排球等比赛，还包括比赛的花絮。这种沉浸式的观感体验，给观看比赛的用户带来的视觉体验是传统拍摄新闻报道所不能比拟的。报道运用虚拟现实技术和增强现实技术之后，使用户可以以第一人称的角度看待新闻，实现从被动到主动的重大突破，给足了用户主动权，事实的真相也被最大限度地还原，让用户自己去评判新闻。这不仅满足了用户的感官和认知体验，也是新闻真实性、客观性的体现，符合新闻的本质要求。

（三）智能生成新闻的发展思考

智能生成新闻是时代进步的必然选择。新闻产品和其他产品一样，目的都是服务用户。能够快速直击用户的需求点是当代新闻业追求的目标之一。所以人工智能在当今社会显得越来越重要，对于新闻业来讲也是具有颠覆性意义的。但生产新闻同样也离不开新闻记者的参与，新闻不能脱离人的思考，不能缺乏人文关怀。人类记者拥有的新闻敏感和对事件的洞察力，以及相关新闻的延展能力是机器新闻暂时模仿不来的，未来人类记者和智能生产新闻只能走向更为亲密的合作。

四、人工智能在新闻传播领域的应用

科技的不断发展，促使人工智能迅速进步，同时也促进了各个领域的创新和改进。如今人工智能也常被用在新闻传播领域，例如表演机器人、协作机器人等，它们正渐渐渗入到新闻行业的每个地方。人工智能开始在各个领域被运用，对于新闻传播行业来说，它是一个较好的发展趋势。

（一）新闻传播中的人工智能

1. 智能新闻的内涵

人工智能作为一门新兴的科技，它具有模拟并拓展人类智慧的特点。近几年，作为一门新的学科，人类逐渐开始将人工智能运用到新闻传播行业，在此基础上，将有人工智能加入的新闻称作智能新闻。在实际的运用过程中，机器借助算法搜寻到大量的初始数据，并对数据进行分析整理，再通过该算法程序生成新闻报道。从这一系列的过程可以得知，这是一种全新的创作新闻的方法。如今，智能新闻已被普遍应用于体育和财经类新闻报道。另外，许多通讯社如美联社、新华社以及 CNN 等都在积极主动地创建协作机器人。

2. 人工智能对新闻传播产生的影响

智能技术在新闻领域的应用主要体现在下述几个层面：新闻搜集、新闻产生、新闻分派以及新闻消费，再和传感器新闻、机器写作等新闻模式进行高效结合，使人们能够直观地体会到智能新闻。

将各种新闻进行采集整理，再对新闻进行智能化加工制作，最终由机器人生成新闻报道，这种方法产生的新闻被称为智能新闻。这是一种崭新的生产新闻的模式，即把人们设计好的模板与数据库中的适当信息进行融合，不仅提高了新闻的品质，还会预防人类产生的小错误。由此可得，在产生新闻的过程中，机器人的产出速度更快、效率更高，内容品质也更有保障。

3. 人工智能在新闻传播中的应用

美国金融界首先兴起了机器写作的浪潮，后来才开始在新闻领域运用。据悉，美国《洛杉矶时报》是引入人工智能的新闻界代表。2014 年，南加州发生了一次 4.7 级的地震，一个名为“Quakebot”的智能机器人在震后几分钟内完成了相关新闻报道。2015 年，美联社在完成一篇财经类新闻时，在分析报道数据的过程中用到了协作机器人 Word Smith。在那之后，由《华盛顿邮报》与《纽约时报》的协作机器人 Heliograf、Blossom 所完成的新闻也分别依次出现在相应的新闻报道中。不仅如此，在新闻分发这个方面，也出现了显著的效果。

2016 年是智能算法编辑超越人工的一个重要节点，人们经常用来看新闻的平台有 Facebook，中国也有类似的阅读平台，今日头条就是之一，它们凭借着自身新的算法模式，吸收了一大批用户群体，今日头条创始人、首席执行官张一鸣在 2016 年世界互联网大会上透露今日头条累计有 6 亿的激活用户，1.4 亿活跃用户平均每个用户每日使用 76 分钟。日常使用的基础人数多、用户黏度大，对普通人群来说是一个了解国家大事、阅读社会新闻的重要途径。这种新闻平台的运作模式大多数是根据用户选择的喜好主题，再加上日常浏览时间更长的新闻，通过后台计算，进行大数据精准推荐的。编辑的过程中，人工基本上不需要参与。但机器人与人工相比较，一定还存在缺陷。诚然，在对数据的整理、分析、联想方面，机器人确实可以运用人类为其设定的程序完成，但毕竟没有独立思考的能力，新闻评论等体裁的写作只会“鹦鹉学舌”。而且机器人写新闻需要从数据库中挖掘信息，而这一步骤就很有可能顺带导致出现很多无用的信息，增加了成本负担。

（二）人工智能时代下新闻传播变革

1. 媒介环境的变革

人工智能的产生在很大程度上对媒介环境产生了影响，并使媒介环境发生变化，促进了媒介之间的相互融合。目前，媒介的主流形式是融媒体和全媒体的高效融合。媒体结合展现出网络化、智能化以及区块链化等特征。随着科技的不断进步，语音合成技术也在不断改进，被越来越多地应用在商业领域中，人们也很难正确分辨出科技合成的语音，在网络直播过程中，可以借助智能机器人进行解析，通过大数据对用户的个人喜好进行分析，为用户精确推送有关内容。

当发生重大社会事件时，使用人工智能可以对人们都关心的新闻种类进行分析，正确引导舆论导向；要根据新闻的实际状况进行恰当的指引，并仔细解析信息数据，经合理的加工处理后传播，只有这样才可以尽可能保障社会群体应该享有的权益。在突发事件发生时，第一时间报道出该新闻的实际状况，从而抓住有效引导舆论的时机，传播正确的价值观和正能量，防止出现恶言恶语，对社会安定造成负面影响，以确保社会健康、和谐、安稳发展。

智能新闻传播融合包括数据、智慧以及信息融合三个方面，在海量数据、资源和学识的基础上，将信息资源加以结合。新兴的智能传播可将传统传播的中介传播转换为智能传播，同时可将以获得利润为根本目的的理念转换为互利共赢的理念。人工智能的改进既可以促进中介环境的变革和创造，还能推进新闻传播观念的改变。

2. 新闻发布方式的变革

随着社会经济的迅速发展、科学技术的进步，人工智能也得以不断改进和革新，同时也产生了许多新型的传播方式，例如微博。近年来，流量的快速发展促进了微博的迅速发展，微博用户在浏览微博内容时，无形中也给某些热门话题增加了热度和流量，将一些讨论热烈的话题推上“热搜”，并且微博热搜渐渐获得了人们的大量关注。新闻从业人员可将目光更多地投放在网络平台的一些热门话题上，在原有的基础上开展探究，借助人工智能采集资料、梳理信息，并通过分析得出结论，找出这些热门的核心点和关键词，在此基础上进行合理规范的加工，这样“跟热点”可快速地获取新闻线索。

在实际应用中，因大数据和智能运算方法的高效融合，新媒体平台可以按照用户的兴趣向他们推送喜欢的新闻，通过算法推送，传播将会变得更有成效，用户一打开软件平台，就能够看到自己喜欢的内容。但是，算法推送同时又成为一把“双刃剑”，伴随算法新闻的发展，也产生了许多不良的情况。用户一旦点开一条网络上的低俗新闻，平台将“投其所好”，不断推送相近价值观的新闻，长此以往，用户将形成“社会充斥各种负面影响”的印象。所以，对于智能算法这种兴起的事物不能仅仅只是兼容接纳，在接纳的过程中也需要秉承严谨的态度，对其存在的问题不能轻易忽视。

3. 新闻表现形式的变革

数据新闻又叫数据驱动新闻。是指基于数据的抓取、挖掘、统计、分析和可视化呈现的新型新闻报道方式。数据新闻在大数据技术的推动下发生质和量的飞跃。数据新闻是随着大数据时代的到来出现的一种新型报道形态，是数据技术对新闻业全面渗透的必然结果，它的出现在一定程度上改变了传统新闻生产流程。数据新闻的展现方式各种各样，主要可以划分为三大类，即图解数据新闻、地图数据新闻及数据新闻可视化。图解数据新闻一般运用“图说”的形式，将受众比较难理解的复杂的人、事之间的联系表达清晰。电子地图是地图数据新闻的基础形式，使用电子地图联合多个新闻事件，并通过直观图的方式把新闻信息展现给大众。用户能够通过触碰荧幕上设置好的顺序，掌握到关键时间段出现的事情。用户敲击页面上的事件时间表，还能够观看到后台早已设置好的和这个事件相关的实际情况以及现场图片。能够看出这种联动形式可以更加引起用户的兴趣及专注力。数据新闻可视化有“多种视觉语言融合叙事”“交互可视化”等方式。数据新闻可视化与传统的新闻叙事不同，结合了图表、图片、视频等视觉语言，以静态或动态的呈现方式来进行新闻叙事，这种独立于文字叙事的视觉化叙事给予了受众全新的视觉体验和解读新闻的方式。

“沉浸式新闻”是虚拟现实的一个新兴领域，往往以第一人称的视角进行新闻报道，其核心思想是构建新闻现实的虚拟场景，使受众进入其中并以身临其境的方式从视觉、听觉乃至心灵感受方面获得对新闻的认知。早在 2016 年全国“两会”期间，新浪网推出了一套新的播报形式，就是使用虚拟现实技术播报《人民大会堂全景巡游》，受众通过手机屏幕便可以同步到人民大会堂的全部画面。2023 年 4 月 24 日，新华社客户端结合中国航天日推出重点报道《AR 新闻丨中国空间站》，通过“AR（增强现实）新闻+CG（计算机动画）共创视频+3D 科普视频+终端交互”技术赋能，展示中国空间站的建造过程及主要功能，为用户带来全新增强现实沉浸式体验。报道获全网置顶并登上热搜榜，总浏览量突破 1 亿次。同时，“沉浸式新闻”也存在一些弊端，比如在报道新闻的过程中，不能深入表述，仅显露表面形式，因此还具备较大的提升空间。

在整体推行人工智能的基础上，正确地使用此项技术，不但可以为新闻从业人员提供更多的方便，降低日常工作量，还可以协助他们采集到更多具有探究意义的数据信息，提高工作成效。在当今社会中，信息网络技术迅猛发展，新闻媒体要顺应网络时代，并提升相关的管理，媒体从业人员需要与时俱进，在尝试运用人工智能的进程中，竭力树立科学的发展观念，同时将受众的需求当作核心，从而达到更佳的效果。

伴随着人工智能的日趋成熟，人工智能将深入到各个领域，我国新闻传播领域在多种层面上都需要提高质量及工作成效，传统的新闻传播形式也应当实施改革及创新。只有抛弃守旧的思想，才可以切实做到“开拓创新”，才可以确保智能社会新闻传播的有效性。

第三节　智能传播未来图景

一、智能传播的六个阶段

新闻业正在以前所未有的速度行进，然而技术发展的速度更快，人工智能正在和大数据、云计算、物联网、5G 等技术深度融合，随着人工智能度过幼稚期，可能我们很快就会发现现在热议的人工智能应用迭代升级了。本书研究智能传播环境下的新闻生产，希望跳出光怪陆离、令人眼花缭乱的技术本身，回到新闻生产的基本规律，中立地审视技术驱动下新闻生产出现的变革。因此，本节我们将智能传播阶段的基本特征抽离出来加以描述，以备理解后面章节的研究。

概括地说，我们可以如此理解智能传播阶段：

第一，新闻业生态重构为智能化、平台化的生态系统。新闻生产与新闻传播分离，新闻业转换为以内容分发平台为基础设施的平台新闻业。事实上，新闻业生态重构的议题讨论由来已久，进入 Web2.0 时代之后，学者就已经意识到技术驱动的新闻业创新并非小修小补，新闻业的边界已经被突破。2012 年 12 月初，美国哥伦比亚大学新闻学院托尔数字新闻中心发布的报告这样阐述：“后工业时代新闻业的第一个假定：新闻机构已经不再掌控新闻，公民、政府、商业机构甚至松散的社会群体的话语权上升。一个新的生态系统正在形成，包括广告商直接接触消费者。”这是一个有预见性的断言。随着互联网内容海量汇聚，内容生产与内容分发相分离，原本新闻生产与新闻分发一体化的新闻机构开始跨平台分发，除了自建移动 App 以外，同时在各内容分发平台发布新闻以扩大用户覆盖面。用户也越来越倾向于从内容分发平台获取新闻信息。新闻生产机构逐步转变为以新闻生产为主，跨平台传播的内容生产商。内容分发平台以算法引导新闻生产机构生产，新闻业走向算法驱动的新闻业，智能技术深刻地介入新闻的生产、分发和传播等环节。“平台媒体以聚合式、社交性和个性化的方式向用户推送新闻，改变了用户对传统新闻严肃呆板的刻板印象，极大地提升了用户接近新闻的程度，为新闻业注入了新的活力。”尽管关于算法的缺陷一直在研究治理过程中，但是应该看到，对于海量内容的分发，智能化的内容分发平台大幅提升了分发效率。

第二，智能媒体成为新闻业的主体。智能传播环境下，智能媒体作为新闻业的主体，提升了整个行业的新闻生产能力。任锦鸾等学者提出：“媒体智能化指的是以用户为中心，以满足用户需求为目的，媒体行业通过智能技术的应用，使得媒体系统逐步具备类似于人类的记忆和感知能力、思维能力、学习能力、自适应能力和行为决策能力。媒体智能化的结果就是逐步形成新的智能媒体。”在人工智能助力下，新闻信息的采集、制作、分发、审核、反馈等全产业链都提高了生产效率。并且智能生产支持平台正在支持不同类型的媒体快速走向智能化生产，例如新华社“媒体大脑”智能生产平台，可以秒速生产、海量生产。“媒体大脑”与山东等省份合作，开放“媒体大脑MAGIC”功能服务和技术服务接口，利用其人工智能优势为各省份媒体行业赋能，共同推进新媒体平台的生产能力和服务能力。在多方力量作用下，我国新型主流媒体正在向智能媒体迈进。

第三，机器进化为多元内容生产者之一。智能传播环境下，多元内容生产者共同生产和传播新闻。随着内容产业生态的改变，面向平台型媒体推送内容的内容生产者已经不仅是媒体，用户生产内容、政务新媒体、商业新媒体、专业自媒体生产的内容也汇聚在内容分发平台。而自动化新闻、自动化视频、无人机报道、智能主播播报等机器生产内容正在加速入场，MGC

（机器生产内容）成为内容产业的多元内容生产者之一。MGC时代的到来使得原本属于专业记者和编辑的传统职权，比如新闻线索挖掘、新闻产业制、新闻发布甚至反馈互动等，会越来越多地让渡给人工智能，人机协同成为业界关注的焦点。

第四，个人化的新闻服务。就 Web2.0 而言，作为“反映客观事物联系”的社会性的基本范畴，它相应地包括网络用户、网络用户的行为及其交互方式。而网络中不同的交互技术及其方式则是产生不同网络形态的直接诱因。而 Web1.0 与 Web2.0 的本质区别则明显是由于“网络用户之间的交互功能”，即 Web1.0 环境的网络用户仅是作为信息接受者单向地获取信息，而 Web2.0 环境的网络用户则通过与其他用户的有效联系，融信息接受者与提供者于一身，在获取信息的同时又提供了信息。新闻出现及传播的时间与空间理念都早已发生了改变。社会化媒体的运用是把人当作节点，人经过社会联系实施内容的互换。因此，智能化技术可以使逐一的个人化内容派发之后，个人化的新闻设定、新闻汇聚等一系列服务将随之产生。例如，微软与《钱江晚报》在“人工智能+新闻”领域共同推进探索，双方共同打造国内首个机器人记者“小冰”。随后，《钱江晚报》选择人工推选及机器传输相融合的形式，尝试创建一个涵盖新闻类客户端、游戏系统、智能文字识别系统、头部工具类 App、知识交流以及物联网系统的立体式派发系统。

第五，智能技术媒介的互动传播。技术发展与产业内部需求促进了人工智能在互动范围的颠覆性发展，伴随机器人在大众派发上的使用，用户和媒体的互动将从智能媒体的线上简便沟通及评论管理等变换成一对一交互的形式。由此可见，因为内容一对一交互式派发的形式能够实现，所以文本、图像、音频、视频的自动化生产以及人工智能赋能的传媒领域将面临“个人日报”阶段，“个人日报”不再是以报纸的形式进行展现。这也代表着尼古拉·尼葛洛庞帝在《数字化生存》著作中预告的“个人日报”时代将要来临。在智能传播这种大环境下，媒体把一对一内容派发的用户数据，驶入新闻生产的个人定制时代。智能媒体领域的内容生产程序、组织形式以及传媒领域生态都会迎来巨大革新。对于大数据的人人交互、人机交互将带来众多新的挑战。

第六，沉浸式媒介技术带来仿真社会。法国著名学者让·鲍德里亚的仿真社会与仿真理论近几年常常被用来说明沉浸式传播。让·鲍德里亚的观点表明当代媒介和技术导致虚拟替换现实的严重情况出现，从而形成了一个仿真社会。数字时代技术乐观主义表明让·鲍德里亚的理论更符合智能传播的环境。智能传播研究人员表明智能传播的最终渠道应当是智能化技术创建的仿真社会。人工智能使得传播更靠近人类社会的传播环境，对于沉浸式技术与影像的发展来说更适合领航这个变革。

二、未来智能传媒生态展望

伴随互联网技术的迅猛发展，传播本体的多元化以及传播方法的革新让重要新闻事件的影响力远超过去，完成了传播效率的整体升级。在 2021 年“庆祝中国共产党成立 100 周年”与“2022 年北京冬季奥运会”等重大主题报道中，主流媒体广泛运用人工智能技术进行新闻生产。

世界百年未有之大变局正在冲击旧有世界传播格局，基于人工智能新技术的信息环境和内容生态正在加速形成。重大媒介事件作为具有全球影响力的社会议题，是国家在时代变局中一次重要的发展机遇，媒体作为重要的一环参与其中进行智能传播和记忆建构。智能传播实践依托 5G 移动网络和 AI、VR、AR 等技术，通过电视、客户端、微信、微博等渠道，精心策划推出专题、栏目、直播、微视频、Vlog、H5、答题、游戏等多种传播形式，实现了报道呈现的创新和用户体验的优化。

数字空间中的叙事打破以往传统单向传播的固化框架，形成了由主流媒体引领，商业平台、自媒体、公众等多元叙述主体共同组成的动态叙事框架。在“庆祝中国共产党成立 100 周年”的报道中，主流媒体更新叙事语态、注入主流价值观念、挖掘红色内涵故事，在全平台、多渠道分发融媒体报道产品。

同时，实现线上线下联动传播，在交互中增加用户参与度，增强公众的政党认同和制度自信。

在新闻现场，实时传播不再局限于电视媒介，主流媒体还利用各种新兴技术进行联动传播，让亿万人突破时空限制实现“缺席式在场”。“庆祝中国共产党成立 100 周年”的实时直播中持续融汇信息流和情感流，通过对融媒体报道播放量、点赞量、评论量、转发量、二次衍生传播量等数据的分析，发现传播效果较非融媒体报道实现了效率的全面升级。

2021 年，“元宇宙”的概念火爆科技和传媒圈，吸引各大科技巨头入局。“元宇宙”概念创生于美国科幻小说《雪崩》，设想只要接入终端就能进入与真实世界平行的虚拟时空。“元宇宙”为新闻传媒业带来新的可能，作为未来媒介将为用户建构无限逼近真实的传播图景并实现全感官体验。人将能通过 VR、AR 虚拟成像技术再造人的数字身体，实现人在虚拟空间的全方位感官连接，继而实现与他人的社交互动和自我价值的创造。在“庆祝中国共产党成立 100 周年”系列融媒体报道中大放光彩的虚拟现实技术作为“元宇宙”的核心技术，正在驱动一场数字新闻业的变革。而“沉浸式新闻”中新闻成了用户对重构事实的临场感知，事实上已经颠覆了经典新闻的定义。

“元宇宙”还将推动生产出大量新形式的媒体内容产品。未来，无论是传统观看形式还是“目击者”模式，甚至是第一视角的“主角”模式，用户都可以自主选择体验。主流媒体应致力于推出虚实融合的内容产品。此外，智能媒体时代下还启发传媒业借助区块链技术为解决侵权行为提供新的方向与思路。

尼尔·波兹曼曾说：“所有的技术都既是恩赐又是包袱，不是非此即彼的结果，而是利弊同在的产物。”对于智能媒体技术而言同样如此。未来，各级主流媒体在探索建立平台型媒体和智能型媒体过程中应充分发挥人的主观能动性，注重差异化发展、协同合作生产，形成中央联动地方的智能传播网络和生态体系。

第四节　智能传播环境下的“连接”

凯文·凯利在《新经济新规则：网络经济的十种策略》中表明，芯片可以在一秒内整理数十亿的资料，可是它们最关键的产物实则是联系。互联网贯穿全部，对于新闻领域来说，互联网的抨击是其贯穿及整合了人和人之间的社会关系，进而演变成了生产关系。

一部分专家认为，在互联网贯穿所有的情形下，社会关系得到了整合，权力格式进行演变，从而形成了新权力格式即“关系赋权”，而互联网的思维是整个范围革新的基础思维。

从某种道理上来讲，“互联网+”转变连接关系，人工智能赋能“互联网+新闻”领域，塑造了新闻领域的形式及构造。与此同时，出现了一系列疑问，比如“互联网+”到“AI+”、新闻领域生态的重组、新闻领域的连接关系出现了怎样的变革？变革又是怎样影响着新闻的理念与常规的？媒体应当做出怎样的调整？这些问题都是本书进行智能传播环境下新闻生产探究的关注点。

一、网状、液态连接的行动者网络

这个关系模型用在描绘及阐述智能传播环境下新闻领域的生态形式。在20世纪80年代，法国社会学家拉图儿与卡龙提出行动者网络理论。这个理论提出行动者动态性的理念，非人类元素和人类相同，都能够当作行动者。近几年来，由于算法基于内容生产进程中形成不能轻视的影响，众多传播学者引用这个理论解析内容产业生态，并且把算法当作非人类行动者的一部分。将行动者网络理论当作解析对象，传统媒体阶段的线性连接联系转变成智能传播环境状态下的网状连接联系。可是，因为不同行动者之间的人物角色能够相互转变，没有稳定性，所以本书参考了社会学家鲍曼的液态社会理论的隐喻。

传媒领域能够看作是连接的领域。把大众传播当作干线的传统媒体时代，事实、媒体以及受众之间存在线性连接的关系，也就是说媒体收集事实，通过加工再造，然后传播给大众。在这个线性连接关系里面，媒体具备特定的操纵性及稀少性。直到 Web2.0 互联网之后，伴随社交媒体的迅猛发展，传媒领域的连接关系悄然产生了改变，平台新闻兴起，在大数据、物联网、人工智能以及云计算广泛使用后，传媒领域的连接关系发生了改变。用户、政府以及商业组织都已经生产内容，都成为内容生产的行动者。用户和用户、媒体和事实、媒体和用户、用户和事实之间也变成了网状的连接关系。媒体具备生产和传播的专业本领，依旧是网状关系里的关键节点，可是媒体在连接关系中的操纵性及稀少性早已大幅度减少。事实不用通过媒体也能够到达用户手中，用户和用户之间对新闻的传输也更加迅速简单。基于这个互联网关系中，用户不再以被动用户的形式存在，而是作为相互连接的关系存在。

机器人和传感器等人工智能和媒体相互连接，接入了行动者网络。彭兰教授曾对智能化媒体的特点做了以下汇总："智能化媒体的特点重点展现在以下方面，即万物皆媒、人机共生以及自我进化。"也就是在智能传播的环境下，万物互联、万物皆媒。从连接的覆盖层面来看，智能传播环境下的连接关系包含人和人的连接、人和物的连接、物和物的连接三个方面。随着物联网技术的落地且快速进入运用领域、多种感知技术的普遍运用，人与物的连接、物与物的连接也变得更加充实，并因此出现大量数据，网络社会把数据当作主要内容，大幅度扩展及延伸。所以，在智能传播环境的驱动下，机器生产内容大批生成，机器生产内容也应当看作内容生产者。

二、部落化的节点型连接关系

这一连接关系模式适用于描述"用户-媒体-平台"这个框架的关系。社交网络上的传播机制分为三层，底层为社会化网络，顶层为散在的用户，中层则为关键传播节点。这些已经形成的传播节点被称为意见领袖，不同的是有些意见领袖是实体社会中的意见领袖，有些意见领袖是网络中的网红或者商业范畴的KOL（Key Opinion Leader，营销学概念，指对购买行为有较大影响力的人）。在新闻生产的行动者网络中，媒体可以视为内容分发平台上的传播节点，和用户之间形成部落化的群体关系。

麦克卢汉在其《理解媒介：论人的延伸》一书中将媒介发展的三个阶段：口语阶段、文字阶段、电子阶段描述为“部落化—脱部落化—再部落化”阶段。“再部落化”的概念形容社交媒体诞生之后的社会形态非常贴切。用户除因为地缘、学缘、业缘等各种关系结成不同部落以外，“算法分发下，趣缘为基础的隐性连接构建了亚文化特征的隐性社群。”平台新闻业中，媒体与用户之间的关系应该是上述部落化的节点型的连接关系。这一连接关系的特性是媒体与用户之间形成了高频互动、可以反复抵达的黏性连接关系。

作为连接节点的媒体衍生出新的商业模式和新闻生产逻辑。平台新闻业兴起已经是不争的事实。一定意义上说，基于平台型媒体的算法新闻生产范式正在形塑。由于内容分发平台本身与用户并没有深度交互，媒体成为内容分发平台上的节点和枢纽。有用户关系管理能力和管理理念的媒体与用户之间形成部落化的节点型连接关系。新的用户关系中，用户与媒体往往因相同的价值观、趣缘关系、内容特质相联系，媒体在价值观等方面具有影响力，熟悉用户偏好，能根据每个用户个人化特征提供精准分发，实现新闻生产者与用户之间的沟通、定制、参与、商业服务。

三、以人为中心的个人门户型连接关系

这是一种从用户获取新闻信息视角考察的连接关系。智能传播环境下的媒介是以人为中心的媒介，在互联网时代下，以个人为基本单位的传播力量被激活，“个人成为重构媒介生态的重要力量。”亨利·詹金斯在其关于参与式文化的研究中将数字时代的用户称为生产消费者，重新将用户理解为后受众时

代的受众，既是阅听者，也是生产者，同时也是用点赞、评论、转发等行为表达意见的评论者。以积极的用户为起点考察新闻传播的关系，就可以发现新的连接关系模型——个人门户型连接关系，即每一个用户都是一个聚合不同平台信息的个人门户，近似于一个可以搜索也可以依靠推送获取信息的个人信息中心。移动新闻传播中，“人可以携带媒介游走在不同空间里，在身体穿梭于不同的物理场景的同时，人置身于媒介的虚拟场景中。”这一连接关系对于移动场景中的新闻传播具有重要意义。

此外，值得注意的是，移动网络、虚拟现实、人工智能产生重要驱动作用的智能传播环境下，技术的具身性趋势变得突出。从这一意义上来讲，用户不仅仅是生产消费者，还将可能是携带、生产、传播新闻信息的智能主体。在智能传播环境下，“以人为中心的个人门户型连接关系”将日益值得重视。

除上述三种主要连接关系以外，弱连接、反连接、连接的断裂等也经常被用于解释和调适新闻信息的传播。“互联网+”使人类社会重建了连接关系。智能传播环境下的新闻生产与传播建立在上述新连接关系基础上，这意味着智能新闻业生态的重构，新闻生产范式也随之改变。

第四章 智能传播环境下的新闻生产

第一节 基于用户关系的新闻生产创新

互联网作为社会的基础设施，改变了媒体与用户的关系。传统媒体与受众的连接关系是线性的连接关系，受众是新闻的接受者、媒介市场的消费者，与媒体的交互和反馈非常少。智能传播环境下，受众转变为用户，媒体与用户的关系是网络社会网状连接关系的一部分，交互性强，可以测量，用户转变为积极的参与者、媒介市场的生产消费者。一定意义上说，技术驱动下用户赋权是媒体与用户关系转变的动因，由此激活了用户卷入的新闻生产方式的探索。

一、用户高度“卷入”的新闻生产

亨利·詹金斯在有关加入式文化的探究中把数字化社会的用户称作生产消费人群，詹金斯的理念在新闻领域被普遍认可，新闻理论研究者杨保军在这个议题层面对新闻领域做出了更深的诠释，表明生产消费人群在新闻领域活跃的最终结果是“共享”新闻信息时代的到来、“共产”新闻文本时代的启动、“共绘”新闻图像时代的降临以及“共同”新闻主体时代的开拓。在这个情形下，媒体新闻生产形式也拥有了新的研究。

在用户共同享用资源以及共同创造文本的情形下，用户生产的内容将带给媒体新闻生产双倍的影响。一部分，新闻媒体遭到冲击，比如新闻目击人与当事人都能够上传信息，媒体不再是单独到达现场实时报道的人；另一部分，媒体依然是互联网部分的关键节点，是将舆论放大的工具，媒体能够运用用户生产的内容，进行加工创造出更有力的作品。媒体该怎样运用用户生产的内容，这是一个值得思考的问题。学术人员王敏针对澳大利亚区域性的互联网报纸“Brisbane Times”做出了民族性的探究。“Brisbane Times”主编人Danielle用“卷入式”（involvement）这个理念进行解读区域性新闻的价值意义，不但要使用户了解新闻，还要使用户渗透和加入到对新闻热点的讨论、分享及转发等进程中去，运用迅速、加入、联动、转发等众多吸引用户“卷入”的形式，打造虚拟和现实相融合的“区域感”，从而使得用户认为报道的内容和自己有关，并且感受到自身在探讨群里具备存在感。在一定层面上来讲，高度卷入的新闻作为媒体在线新闻生产特别注重的形式之一，卷入的形式能够总结为以下几种：

第一，卷入事件报道的经过，用户生产内容是报道的一个小的分支。进入Web2.0以后，社交媒体开始盛行，技术作为媒体的中介，不但释放了用户的表达本领，还释放了用户的表达欲望，用户生产内容汇集在社交媒体平台上。新闻事件出现之后，当事人常常把社交媒体当作个人的发声途径，而一部分了解事件的人员或在事件发生现场的公众也喜欢在各种App上发表一个现场视频。从某个层面上来讲，用户和新闻记者一同享有了新闻现场，共同享有了新闻真实的内容，这部分传播事实的视频或者图文微博把传统媒体时代应该通过媒体报道的事实率先传递出去，冲击了媒体业的独家报道，甚至使得一部分未在现场的媒体错失第一时间。“片刻的惊呼后”媒体逐渐惯于与用户一起报道新闻事件。媒体交融转型以后，媒体设立了“两微一端”的方案，针对移动网络传递新闻的形式，与用报纸及电视屏幕等传统传递新闻的形式，不同的是媒体处于社交账号中会积极主动地和用户连接，并凭借用户生产内容实现新闻的播报。首先，一部分媒体经过考察证实之后会运用用户发表在社交媒体的信息，比如娱乐报道方面会直接借用某个明星发表的微博动态。其次，对于一些新闻事件，媒体会主动联系用户，搜集目击者或者有用的线索，比如《南方都市报》2020年在其官方微博上向广大网友搜集故事线索，征集到有意义的线索后，记者再去进行访问。用户供给的线索被采用之后，会带动加入的兴趣，其他用户也会喜欢这种具有亲近感的故事。再次，产生商讨式新闻生产形式。一部分用户有广泛兴趣的新闻事件，或是一部分和用户交互水平高的媒体社交账号，产生了商讨式新闻生产形式，在这个形式中用户卷入层面较深，和媒体一起实现新闻报道，甚至还会使媒体报道的进程受到影响。较为经典的案例是对马航 MH370 客机失联事件的报道，事情发生在 2014 年 3 月 8 日，搭载 239 人的马航 MH370 客机失联，众多专业人士担心飞机上乘客的安全，陆续在微博等网络平台出谋划策。新华社记者与中央电视台新闻频道记者主动联络微博网友，收集方法向领导层反馈，并且与一部分网友商讨记者在官方新闻发布会过程中提出的问题，实时报道进展并及时展现给大众。

第二，作为 UGC（用户生产内容）的组织者。传统媒体时期的受众是可预测的、相对固定的，而新媒体用户属于积极的消费者，通过社交媒体相连，自发地进行内容生产。媒体如何面对用户的变化？提出参与式文化的学者詹金斯小心翼翼地描述了传媒业对用户内容生产的利用，业内人士用“扩展”概念来指代他们通过横跨不同的承载体系来调动内容传播以拓展潜在市场的行为，用“协同来指代他们通过拥有和控制所有这些表现形式的能力所代表的经济机会”。媒体通过协作达到与生产内容的用户共赢。例如，《新京报》“我们视频”2020 年 4 月面向各地网友征集春播主题相关视频作品，广告语是“发微博分享你的原创视频，并@新京报我们视频，优秀作品创作者有机会得到农技专家一对一的网络指导，还有牛排、生鲜猪肉等大奖等你拿”。2019 年短视频保持高增长态势，用户生产内容短视频化成为趋势，《新京报》精心策划，组织用户生产所需主题的短视频创作，形成一组有《新京报》风格的短视频。在这个案例中，用户创作的短视频被有影响力的媒体推广，扩大了用户的知名度，用户备受鼓励，媒体也获得了丰富的内容。互联网空间容量巨大，传统媒体自身的生产能力有限，成为

UGC（用户生产内容）的组织者对于媒体内容生产能力的提升大有裨益。

第三，众包式新闻生产。众包式新闻生产是用户参与新闻生产最为突出的一种表现形式。美国最大的报业集团甘尼特集团2006年进行新闻“众包”的试验，将其旗下90家报纸的编辑部对所有读者开放，读者可通过网站对正在发生的新闻提供消息或意见。众包式新闻生产一度被视为媒体转型解困的方式试验和研究，但是向智能传播迈进的新闻业遭遇的是系统性颠覆，新闻生产研究者和实践者最后也发现，众包式新闻只能作为新闻报道方式之一固着在新的新闻生产范式中。参与新闻生产的人最关心新闻生产，众包式新闻由媒体将任务分包出去，不仅为媒体拓展了可利用的线索，同时也为媒体卷入了用户的热情和品牌忠诚度。新华社“我在现场”App也探索了众包式新闻模式。在2019年6月17日宜宾地震的报道中，用户报道了宜宾地震的实时感受，不同的用户展示了地震发生后的不同视角，增强了新闻的现场感。

二、用户评价影响下的议题选择

用户在社交媒体生产的内容不但有自己的创作，还常常伴随情感的抒发，对事件、故事以及人物做出评价。一部分商业公司根据在线评论的用户满意程度对商品实施评测管理，政府单位关注用户评价以此来掌握民意舆情。在智能传播环境下，用户评价对于媒体讨论的专题选择影响巨大。在数字新闻生产过程中，用户评价重点展现在用户数据和用户评论两方面。用户数据包含用户的阅读时长、浏览量、点赞量、转发量等数据，用户评论指的是用户在社交媒介评论区内的留言以及自己账号的评论。用户评价影响着新闻生产，重点表现在以下方面：

首先，用户评价影响着媒体议题的选择。步入Web2.0时代，用户生产内容带给媒体最大的冲击就是用户对媒体议题的设定有着影响。麦克斯威尔·麦克姆斯与唐纳德·肖在1972年提出议题设定理论，议题设定理论认为大众传播能够经过新闻供应及议题编排成功地影响着受众重视哪些事实、意见等的先后顺序。在网络范围之内，由于用户相互的联系、用户对于事件所做出的剖析点评，会影响成员思绪，造成重点关注某个话题的现象产生，进而会对传统媒体的程序计划形成抨击。在最近的新闻生产规范中，被关注的话题已被收入新闻生产资料库中。在正常的新闻生产过程中，用户的点评对于媒体在挑选话题方面所产生的作用大致表现为两点：第一，接入媒体的大数据舆论体系。当前不同媒体的融媒体新闻中心大多配置了热点资料库、舆论资料库等，新闻动态的热点资源大部分都是来自收集互联网社交媒体用户数据的过程之中，也就是指用户对于不同事件的点评。第二，不同内容公布在不同的热点新闻榜单的平台上。微博、小红书、快手等平台每天会依据用户作品的点击率公布热点新闻的名次，该排名顺序本质上就是对话题进行设限，譬如登上微博热搜的新闻会干扰媒体对于选题的决定。

其次，用户引入新的热点议题也会干扰到媒体对于舆论的引导方法。用户利用社交媒体平台传播公共话题，比如在微博绿洲、超话、社区或者是运用联系推荐等多种方法进行议题探讨、表现自我、交流观点。用户被引入议题以后，常常会变成网络舆论，网络舆论会影响媒体的舆论引导方法。传统媒体阶段是由媒体带头引导舆情，发表评论大声疾呼，随之被吸引而来的是网络媒体，大众的呼声很容易就被掩盖住。Web2.0 时代到来之后，媒体评论依然具备了品牌效应，可是在新闻事件发生之后，媒体评论一般会被淹没在不同的观点里，因此媒体的舆论引导也应改变方向。读者在何处，观众在何处，宣传报道的灵敏嗅觉就应该被吸引到何处，传播观点任务的起点和终点就应该在何处。在各种喧哗声中，媒体进而采取措施在熙熙攘攘的大众观点中引导舆情。媒体评论会按照用户的评论立即给出回应。

最后，用户针对媒体话题给予点评和回应。来源于用户的评论在传统媒体阶段就被当作是生产新闻的素材，报纸、广播以及电视一般借助第三方调查公司开展用户调查，新闻编辑部会按照用户的调查数据结果进行新闻生产战略的微调。在正常生产过程中，受众对于媒体话题的点评和回应一般会产生以下两种现象：一是编辑部获得用户调查数据，并且会依据用户喜好绘制用户的图像；二是积极的用户会在社交媒体上点评新闻进而引导舆论，使得媒体必须根据用户观点进行调整。

三、用户翻转叙事框架内嵌

近年来，研究者经常使用边界工作理论来观察新闻业所遭遇的冲击。“专业化的新闻生产门槛逐步被技术带来的赋权力量冲击和消解，越来越多的传播主体和技术客体侵入到新闻行业。”边界的突破也带来了新的观察视角：如何看待新闻业和入侵者的关系，如何看待二者之间的冲突和接纳。

如果换个视角来看用户生产内容，即从媒体新闻生产的角度看待用户生产内容，就会产生一些新的研究问题：用户生产的内容，例如快手上的普通人居家做饭表演、今日头条上种菜类的三农视频，在传统媒体端口存在吗？为什么这些用户喜欢看的内容在传统媒体端口没有呢？对这个问题的阐释可以回溯到媒体的新闻常规。新闻常规是媒介工作者在工作时采用的一套模式、惯例。新闻把关一般被视为编辑部最重要的工作，编辑依据编辑部的新闻价值观对新闻信息进行筛选过滤。对日常生活的记录是用户创作内容的最普遍形态，因为新闻价值不足，用户生产的内容在容量有限的传统媒体的新闻常规中属于被筛选掉的内容。但是，当互联网空间能容纳海量内容之后，用户不再仅仅作为新闻报道的客体，而是翻转过来成为主动的叙事者，他们上传的内容补充了传统媒体把关模式下筛选掉的日常生活叙事，弥补了新闻报道中“近城远乡”的缺憾，也兑现了草根阶层的媒体近用权。“随着移动直播平台、短视频平台、Vlog 平台迅速走红，以往作为新闻报道活动客体的用户翻转叙事。翻转叙事是指叙事者和被叙事者角色颠倒的叙事，对其考察实则嵌入了多元内容生产者之间的互动关系。一定意义上说，新闻业危机不仅是渠道失利、商业模式坍塌，也来源于公众对竞争性叙事框架的拥趸。”

用户对非专业性叙事框架的接纳事实上是个渐进的过程。进入社交媒体时代，UGC（用户生产内容）大量涌现，用户对内容质量的宽容度就冲击了职业媒体生产者的防守，例如用户上传视频摇摇晃晃、画面不清晰，但是由于很多来自现场，用户无障碍地接纳，初期曾令习惯于高清视频、不断升级画面清晰度的电视台感到吃惊和排斥。2014 年后，基于内容分发平台生产的自媒体爆发性增长，注重交互和人际传播的情感叙事框架出现。用户对自媒体情感叙事框架的态度从一半拥趸、一半排斥到逐渐理性平衡地接纳。

一定意义上说，来自用户群体的非专业性叙事框架对媒体叙事常规造成了一定的竞争压力。但是总体来看，存在互补性。在这一背景下媒体采取的因应之策是接纳和嵌入职业媒体的专业性叙事框架之中。即将用户翻转叙事的风格和传播框架内嵌入媒体报道常规，媒体开始在其一部分报道中尝试使用用户生产内容的风格和框架。例如，随着快手、抖音等短视频平台用户量猛增，以严谨权威风格著称的中央电视台也在微博、哔哩哔哩等平台上发布主持人康辉的 Vlog。Vlog 是一种记录个人生活的短视频，但康辉的 Vlog 内容显然是时事新闻，以 Vlog 形式竖屏拍摄，风格轻松，受到网友好评。再如，主流媒体的微信公众号、微博等新媒体终端创造了“暖新闻”这一文本形态，这也是自媒体情感叙事框架的内嵌。

四、用户部落化情境下的跨平台文本

麦克卢汉在他所著的《媒介即讯息》中提到，用“部落化”来形容人类早期的语言传播时代；用“摆脱部落化”来形容书信中介时代；用“再次部落化”来形容电子媒介时代。现在的消费者正处在多元部落化场景中，在互联网时代，人类社会重新归部落化形式。在 Web2.0 时代，社交软件的发展给消费者“部落化”带来了空间，极具个性化的推荐运算方法也为人类的人际往来带来了随缘化和懈怠，用户更多地依靠“部落

化小圈子”获取信息，并分享自己的想法，产生情感共鸣。不同的社交平台以及不同的社会群体，促使消费者处在多样化、多档次的部落中。根据以上描述，媒体对每位网络用户生活部落的特点采用了针对性的策略，一次性收集到所有新闻，并通过多种途径多种平台发表。因为不同终端平台都存在着标题或文本类型的调动，所以某件新闻作品最终都变成了文本；某个传统媒体的全部文本会因公众的不同而分割成不同类型的文本。

根据实践情况，可将文本的生产方法分为以下几种：

首先，微矩阵。只有官方微博和公众号是远远不够的，这一点逐渐被媒体注意到。根据消费者部落化的特点，媒体创作了微小却精致的微矩阵。比如，《新京报》创建了一些影响力极大的微信公众号，包括“新京报书评周刊公众号”“理财帮公众号”以及“政事儿公众号”等，这些微矩阵也被用作其App上的栏目，完成在用户端的内容相通。这些公众号涵盖了评论、理财以及时政新闻等不同方面，吸引了不同的客户进入不同的公众号中。与此同时，微博、快手以及抖音等网络媒体平台也运用了微矩阵形式。

其次，跨社群内容经营。某些媒体平台根据客户的不同特点，有目的性地创建了不同的客户圈，也就是社群，每个客户圈中的客户都有其自身的特征。媒体按照不同客户圈的特点开展内容经营，比如以老年人的角度为出发点，在老年人用户圈中发布相关内容，但对于二次元青年用户圈，则将同种文本改为更符合二次元公众的文本风格，可以加入网络热门表情包，使用随和风趣的语言等。

最后，跨媒体平台内容经营。发布不同内容的媒体平台也逐渐生成具有自身特色的风格，比如B站（哔哩哔哩）用户主要是年轻群体，快手平台用户主要是三四线城市居民，媒体跨平台传播促使新闻向更多用户传达播放。因平台的不同，同种文本也生成了一系列文本。

媒体在不同客户部落化的情景下，对不同客户进行针对性的探索，最终形成文本。传播环节是探索的指导方向，贯通不同部落，直达用户端是这一探索的目标。

五、联结的“在场”：新闻报道形态创变

在智能传播环境中，用户每时每刻都存在，且随时可以观看，永不掉线，而且用户之间可以进行交际、合作互助、情感共鸣……某种意义上讲，客户一直处于联合的永远在线的状态。手机已经嵌入到了社会的方方面面，是一种媒介化技术，作为移动终端，手机曾给媒体带来许多困扰，自从手机发展成为超级移动终端，传统的媒体途径就逐渐失去效用。怎样顺应新兴的移动终端和新客户对新闻的需求？媒体怎样围绕新用户展开叙事转移？媒体开展了许多探索，因而涌现出了一批新颖的探究性报告。

第一，以“在场”特点为基础的报道状态。移动直播的形成和兴盛引起了各界的广泛关注，网络用户在各种移动直播平台上汇集，产生了许多的直播播放量奇迹。Facebook 添加直播功能后，两名 BuzzFeed 员工在 Facebook 上直播用橡皮筋开西瓜，往西瓜上套橡皮筋，一根一根套，直到西瓜爆开。就是这样一个长达 45 分钟的直播过程，引来了 80 多万观众在线围观，成为 Facebook 上线直播功能“Facebook Live”后最火的一档直播。而随后形成的视频也获得了超过 320 万次的播放量。“与传统媒体时代不同，移动直播为观看用户创建了虚拟的‘在场感’。在以往的电视直播过程中，只有事件中非常关键的角色才有参与感，其他角色都没什么存在感，只是充当背景。他们虽在事件现场，却没有任何存在的迹象。”移动直播事实上使普通公众在场的欲望得到了满足，普通公众更加注重自身的在场性，强调自己是主角。当人们逐渐接纳移动直播后，媒体报道也对移动直播的方式进行了研究，央视移动新闻网重点打造的产品也就是移动直播，在春运直播和星空直播中获得了热烈的反响。由于客户可以随时随地在线，所以产生了不同版本的移动直播，如拥有伴随性新闻状态的慢直播。火神山医院经过 10 天的迅速建造正式投入使用，雷神山医院建造的进度也不断加快。在火神山医院和雷神山医院建设时期，央视频对它们的建造过程进行了慢直播，全天无间断地播报施工现场的画面，无现场解说、无主持人，仅有一个机位对工人的工作过程进行直播，不切换镜头也不跳过。在建设期间，超过1亿的网络用户在线观看，他们充当了“网络监工”的角色，实现了“网络在场”，创造了传奇的媒介景象。

第二，基于24小时在线的报道形态探索。实时性报道是媒体进入移动互联网时代以来的重大变革。为实现移动优先，媒体编辑部再造了采编流程，并探索了一整套可以实时报道的新闻报道形态，如新闻App推送、微博快讯、微信快讯、15秒短视频等。整体来看，创新型的新闻文体向“融合”和“杂糅”变化，视频呈现越来越主流。

第三，基于用户连接互动的报道形态探索。Web2.0之后，用户与用户之间形成了多重互动关系，这使得交流与分享成为常态。一定意义上说，促进用户的交流与分享就是促进新闻的传播。因而一些媒体提出内容产品化，尝试互动型文本的探索，例如互动视频、H5、新闻游戏等。这些作品吻合网友轻松、戏谑、互动的网络连接状态。

当然，上述报道形态创新只是举要，新闻报道形态创变的推动力除了用户更迭以外，还有很多其他因素，例如数据新闻的出现始于信息公开化及数据挖掘、数据可视化的出现。

第二节　基于平台关系的新闻生产创新

社交平台以及科技公司向新闻范畴的延伸代表着平台新闻业的振兴，社交平台在方便了新闻受众浏览新闻的同时，也对新闻组织形成了严重的干扰，之前就有的新闻宣传权力正在经历着史无前例的转变。其中，对之前就有的新闻宣传权力冲击最严重的就是平台，平台和新闻生产组织的联系将对新闻生产过程进行重组。

本节我们将重点探讨以媒体和平台联系为基础的新闻生产

革新，并以媒体的视角洞察媒体和平台之间的联系。根据平台新闻业的特点，新兴新闻产业生态体系中，新闻的生产流程和分发流程需要分开，利用智能推荐算法的方法进行新闻平台分发，使平台成为新闻业的基本设备，媒体变成跨终端分发的内容产生团体。具备丰厚实力的新型主要媒体团体不但是内容生产的执行者，还可以决定内容分发平台，甚至决定生产以及宣传商业性内容的内容分发平台，比如新华社和《人民日报》的客户端都是汇集了不同内容生产者的内容，采取主要媒体算法的内容发布平台，并且还在西瓜视频、微博、抖音等内容发布平台创建账号进行跨平台发布新闻。其他未创建内容发布平台的媒体组织重点使用“两微一端”的方式向移动互联网制造和传播新闻。在此局面下，人们探讨媒体和平台的联系，重点指的是以媒体或者用户作为信息重要来源的内容发布平台，媒体被当成内容制造者账号之间的关系。媒体和平台之间既相互对立又互利互惠。

以平台关系为基础的新闻生产主要在以下几个方面革新。

一、算法驱动的新闻生产

以平台关系为基础的新闻生产已变成了算法推动下的新闻生产。有些专家的观点是：“算法，属于人工智能范畴中的底层思维，利用对海量数据的深挖和剖析，探索并且创建复杂元素之间的联系，遵守以海量数据—用户需要—多方面场景的基本思维方式，给用户创建更易令人陶醉的情景。由数据智能到符合特殊用户的要求，怎样无缝衔接并给客户带来创新性的感受，才是算法的最终工作，也是算法的实质所在。”当前人们正处在智能传播初期，人工智能将会给重组的新闻生态体系带来巨大的能量。伴随着5G、物联网技术的持续发展，内容、人际以及物联等三方面的网络将会互相联系、互相结合。即使属于人工智能范畴中的底层思维，算法也将持续进行自我完善。算法推动下的新闻生产思维彻底重组，智能传播背景下的新闻生产最后也会表现出颠覆性的新情景。当前，算法推动的新闻生产展示出了以下几个特点：

第一，算法推动内容聚合。在海量内容分发的过程中算法分发技术绝对是最佳选择，内容库中有大量的内容可以实现高效地分发并且达到“千人千面”的效果。在某种程度上，算法分发科技是依托互联网海量内容带来的需求所产生的科技手段，同时算法分发科技还能够反作用于海量内容，并且内容分发平台曾经将内容聚合当成最为关键的策略。今日头条曾经耗费了大量的资金在内容聚合阶段帮助创作者，比如今日头条在2017年的创作者大会上，推出了400亿流量帮扶计划，用来帮助“微头条”的创作者，同时也开始实施广告抽成、千人签约等形式的变现举措，用来帮助在平台中进行内容创作的人员得到相应的酬劳。仅仅当年一整年的时间，今日头条头条号账号总数就已经超过120万，均算下来，一天能发布的内容数目就高达50万条。腾讯以及天天快报也以同样的方式来吸引创作者，腾讯在2016年3月对外宣称提供2亿元给天天快报自媒体作为补贴，三年之后的补贴金额上升至12亿元，并且直接拿出10亿元补贴到内容创作者身上，剩余的2亿元会投资到那些杰出的内容创业者身上。由于媒体持续不断地深入融合，有一些主流媒体也已经转向平台型媒体的类型，开始聚合价值观一致的内容，比如人民日报社全国党媒平台重点是聚合全国范围内各级党媒内容，以便于符合算法对内容库数量积聚的要求。向平台型媒体转变的新闻机构也由生产者转变为了传播者，目前新闻业的平台化仍在如火如荼地进行。

第二，算法分发以数据化的用户评价改变媒体新闻生产常规。算法推荐技术作为内容分发平台的基础设施，改变了新闻传播的逻辑，新闻传播环节的改变反过来影响新闻生产常规的变革。在采纳算法推荐技术的内容分发平台，用户的一切内容消费行为都是数据化的。点击量、播放量、点赞率、转发率、用户评论、转化率等用户数据被内容分发平台或第三方数据公司用于评估内容生产者或内容质量，而广告主则往往依据这些数据决定广告投放。这一背景下，媒体不得不重视用户数据，并因此改变新闻生产习惯。在很多新闻机构的融媒体新闻中心，指挥台前设置的大屏幕全天候播放新闻效果数据，例如点击量、播放量等，在很多新闻机构的绩效考核中，点击量、全网播放量等数据被作为绩效考核的一个因素。用户数据压力使得媒体在新闻生产过程中从选题、标题制作、稿件风格等多个环节做出调适。用户数据是柄双刃剑，一方面，媒体调适新闻生产常规以推进以用户为中心的新闻生产，有益于新闻媒体获得社会效益和经济效益；另一方面，过于重视用户数据带来了内容的娱乐化倾向，也被社会各界诟病。

第三，平台以算法引导媒体新闻生产方向和策略选择。内容分发平台出于经济利益、社会声望等因素的考虑，经常调整算法。而平台算法的调整对内容生产者有很大的影响，因为内容生产者在内容生产过程中往往因应算法，探索了一整套内容生产策略。事实上，平台算法对内容生产者的生产方向形成了引导。例如，Facebook 于 2018 年宣布调整算法，减少新闻内容和网络视频的推荐数量。让 Facebook 增加社交氛围，回到其作为亲朋好友交流平台的初衷。Facebook 算法调整的动因是其在此前两年假新闻层出不穷、干扰美国大选等社会舆论问题，但是算法调整严重打击了新闻业，一个月之内很多媒体访问量暴跌，一些新闻网站宣布倒闭或停业。在国内，今日头条等内容分发平台希望增加平台上移动直播、短视频等类别的内容时，也会增加这一类别的推荐权重，而内容生产者为了获得更好的推荐量，也往往会增加这一类别内容的比例。

第四，人工智能算法推动媒体从重视生产转变为既注重生产又注重传播。“从产业链上看，新闻机构也发生了转变，从最初的新闻产出者和新闻传播者转向单一的新闻产出者，平台媒体充当新闻传播者。”自从新闻行业生态重建以后，其最关键的特点是新闻生成、分配、分离，这些特点同样也是媒体重新调整生产逻辑的最核心出发点。由于智能分配平台促使客户信息透明化，这为广告商精准投放广告提供了数据支持，媒体也从传统的只注重新闻产生方式转变为开始强调新闻传播的步骤。如今，多数媒体增加了内容经营职位，减少了内容编辑职位，个别媒体甚至还取消了内容编辑岗位，全都改成经营职位。这两个职位的工作内容在选题规划、图形、文字以及视频创作等方面大致相同，二者区别是内容经营岗位添加了对新闻内容传播步骤的提高和管控，也即内容经营岗位人员要对新闻内容在平台上的播放情况做出及时的调整。实际上，若要获得良好的内容经营成效，就要把内容传播步骤前移。即在选题规划、创作标题等步骤就开始对后期的传播成效进行预见。在国外的媒体职位设立中，没有内容经营这个词以及同义词的概念，有关工作内容设立的职位叫作用户拓展编辑和社交媒体编辑等。复旦大学白红义对国外学者的此种探究进行了整理，得知国外媒体也开始强调新闻内容的传播。“国外学者将用户拓展编辑、社交媒体编辑以及用户编辑三者统称为用户导向编辑，这些编辑岗位是新闻业新兴的编辑角色，他们的主要目标是挖掘用户个人数据和明白用户行为。他们的主要功能是研究怎样使客户的需要和产生的内容相对应。”注重内容传播环节表明了媒体逐渐接受了算法。任职于人民日报社新媒体中心主任的丁伟说：“算法推荐虽不能对新闻内容起到决定性作用，但它可确定新闻内容分配的途径、效率以及速度。从发展方向上看，人工智能算法不仅是一门技术，还是内容传播的一种方法论。”

在进入平台新闻行业以后，算法对新闻的生产起到了非常关键的作用，这是无须怀疑的。对于算法，各行各业都对其做出了批评，比如算法的产生造成了新闻行业公共性的风险等。

二、新型把关模式

把关机制对新闻生产的冲击最为强烈。以往的媒体编辑部将编辑分为多个阶层。不同阶级的编辑有不同的权责，实际上，不同的权责就是不同阶层编辑对不同范围内容的管控。通过编辑部的层层把控有效减少了错误的发生，此外，依据编辑部的新闻价值观念对新闻进行了强调和削弱，这是媒体完成议程设立的重要环节。在平台新闻行业内，使用算法推荐技术的新闻内容分配平台，人工把控被算法推荐所替代，某些媒体竟然发出了“总编辑已死”的言论。

1947 年，著名社会心理学家勒温发布了把关人理论，随后学界的热门研究就是新闻内容的把关研究，专家们使用多种办法对新闻内容的把关体制进行探究，在多个层面分析把关者是谁和影响编辑部把关的原因等问题。帕梅拉·休梅克在 1990 年提出了一个把关形式，该形式可分为五个阶层，其中个人、组织、新闻惯例、社会制度和体制都是影响新闻把关的关键因子。但是，在人工智能时期，算法的产生对传统把关人理论产生了巨大影响。帕梅拉·休梅克对此又创建了新的把关形式，他说：“在智能时代，新闻内容把关将不是一个直线型过程，而是一个社会媒体和公众媒体互相影响、信息传播途径广泛、许多传播者互相交流互动的繁杂体系。”他认为媒体超级把关体系是由算法和客户联合把控，社交媒体顶级把关系统是通过媒体和新闻工作人员一起把关，社交媒体顶级把关系统与公众媒体把关系统拥有着互动关系。

智能传播环境下，新闻生产常规被突破，新闻生产将如何应对新型把关机制呢？

第一，在新闻生产中尝试从“把关”到“看门”。陆晔、周睿鸣两位学者对澳大利亚学者布伦斯（Bruns）的观点进行了引介和阐释，布伦斯认为新闻实践从“把关”（Gatekeeping）转向了“看门”（Gatewatching）。传统新闻生产重在“把关”，新闻从业者对新闻信息展开核实与筛选，并按新闻价值观呈现新闻的顺序和分布。新技术打破这一新闻常规，新闻机构不再用“把关”来“剔除次重要内容”，而是用“看门”来从海量信息中“强调更重要内容”。这一理论对媒体实践有很多启示：用户生产内容呈现出很多不同于传统媒体把关的议题和框架，在发布空间可以容纳海量内容的情况下，媒体从以往人工把关的精选变为对海量内容的汰劣。

第二，新闻编辑部尝试混合把关制。智能传播环境下，信息过载，单纯获取新闻资讯已经远远不能满足用户需求，算法相当于一个采用人工智能的信息过滤器，根据用户画像筛选对用户有用的信息，个性化和定制化是其特点。算法推荐模式的优势是对用户数据有精准洞察，但是劣势是唯点击量论英雄可能会造成新闻娱乐化、低俗化：人工推荐模式的优势对内容质量可以坚持编辑部的新闻价值观标准，但是内容有时并不适合网络用户。很多媒体编辑部综合二者优势，采取了混合把关机制。例如，《纽约时报》将二者结合，在编辑部增加了机器人编辑，机器人编辑熟悉用户数据，能够选出社交媒体平台用户喜欢的内容，由机器人编辑粗选，人工编辑在机器人选稿基础上定选。国内媒体也对算法推荐采取了很多制衡措施，在一些编辑部的绩效考核制度中，将点击量、播放量作为重要标准，但是增加了编辑部选择好稿件的参考标准。

三、突破媒介形态边界

传统媒体依据媒介形态实施报道区域划分，不同的用户依据自己的爱好从报纸、电视等渠道获得新闻。在不同的内容分发平台按照不同媒介形态的媒体注册账号发布新闻，此时，这些不同形态的媒体就演变成了同样形态的数字媒体。媒体一直担心这样的情况会发生在现实之中，首先，新闻争夺变为了跨媒介的新闻争夺。比如，报纸和电视在线下并不会形成竞争关系的媒体，但是在内容发布平台中却又成了互相竞争的关系。其次，在内容发布平台中，不同媒介形态的内容互相之间有竞争关系。换句话说，用户获得新闻并不通过影像、文本等媒介形态来区分，比如不管是影像还是图片资讯，第一次发布的突发性新闻资讯的点击量和阅读量最多。在这种情况下，媒体应该怎样调整新闻生产呢？

第一，媒体跨界全媒体生产。新闻生产组织在不同的内容发布平台的账号已经在进行跨界生产，比如《新京报》之前属于北京地区都市报，现在也能够在不同的内容发布平台上进行新闻发布。《新京报》闻名遐迩的是它的视频报道账号“我们”，“我们”视频由客户端新闻直播以及短视频报道小组策划运营，追踪时政社会热点，当前视频记者人数已经过百。因媒体融合变换方向，传统媒体团队即使各有所长，仍保留着之前的生产优势，但也都尝试着转变发展方向，杂志、电视等都已经改变为可以生产图片、影像、H5 等多元内容形态的全媒体新闻生产组织。光明网副总经理宋乐永表示，战胜科技恐惧心理，不断学习，把握融媒体创作技术，包含视频摄录、影像剪辑、动画创作、H5 等科技；实用为首，完成由宣传角色转变为传播角色；工作量测评也由以内容创作为重转变为内容创作与传播力并重。

第二，融合新闻报道常态化生产。因为图文等报道在内容分发平台相对来说是一种常态，在新闻较为残酷的竞争中，媒体正在试图进行内容展现形态方面的创新。怎样生产适用于手机等客户端的内容？怎样使得用户在手机客户端的阅读以及聆听感觉更舒适并且能够获得较满意的用户体验？此时，结合了图片、声音、互动技术等多元化手段于一身的融合新闻报道应运而生，并且经常被刷屏，同时还不断推出爆款。跨越媒介的融合新闻报道由于关注点不同，又能够划分成不同的类别，比如新闻游戏、H5、VR 新闻以及无人机报道等。融合新闻报道由最初的转瞬即逝，到现在已慢慢变成常态，在媒体的客户端重点新闻报道计划过程中，融合新闻报道替代了传统媒体的专版及专题。2018 年中国新闻奖第一次设立了媒体融合奖，该奖项一经设立就变成了媒体跨界创新的助推器，大部分媒体特别是新媒体，融合新闻的制作逐渐成为常态化。

四、“后真相”时代的新闻核查

“后真相”（Post-truth）被牛津词典选为“2016 年度英文词汇”，定义为“诉诸情感及个人信念，较陈述客观事实更能影响舆论的情况”。2016 年 12 月 6 日，《纽约时报》刊发一篇观点文章《“后真相”时代，谁来定义假新闻?》，在这篇文章中作者提出了一个发人深省的观点：“真正的变化不在于新闻造假，而在于旧有的新闻守门人丧失了权力。它们定义什么是新闻、什么不是新闻的能力也受到了侵蚀。”这篇文章的观点反映了平台新闻业因为传播权力的转换而产生令人焦虑的结果。学者胡翼青对后真相社会给予了更为透彻的阐释：“公众只需要那些符合其推测的真相，公众对于传播者的诚意看得比真相更重要。究其原因，从时间维度来看，社交媒体以更为迅捷的速度终结了大众传媒在真相上的垄断性，但又无法因碎片化的信息而成为真相的代言人。”这个观点非常简明扼要地阐释了在后真相社会专业媒体提供真相之难。一定意义上说，职业媒体最核心的功能就是环境监测，为社会提供真相。后真相社会，媒体如何传达出新闻真相?

应该说，后真相社会传播真相之难恰恰是职业媒体体现自身价值的关键时刻。近年来，职业新闻生产机构最重要的探索之一是基于平台传播新闻真相的努力。

第一，倡议从断言式新闻回归确证式新闻传统。断言式新闻主要指记者在获取信息的第一时间就进行报道，而后在不断滚动的事实中最终形成真相的一种新闻报道方式。这种报道方式产生于全天候的直播新闻生产中，是数字媒体时效性的表征。研究者认为新闻从业者“在报道中一味地进行判断，提供结论，却不为此列举相应的证据，导致的结果就是曾经被称为新闻原始素材的东西，被直接传递给了受众”，这种状况是过于重视媒介技术与速度至上造成的结果。在假新闻困扰之中，一些媒体提出要重归确证式新闻传统，强调准确和证据。一些媒体则提出利用新技术做确证式新闻。如《北京日报》曾提出媒体融合背景下，应运用互联网思维、大数据技术以及实证方法做确证式新闻。

第二，探索事实核查式新闻。事实核查式新闻是后真相时代重要的新闻样式探索，发源于美国，初始是媒体自查，例如20 世纪 20 年代，《时代》周刊率先设立了事实核查团队，随后其竞争对手《纽约客》也专门设立了事实核查部门。20 世纪中后期，新闻专业主义和新闻的社会责任理论在新闻界兴起，更多报刊陆续设立事实核查部门或开展事实核查工作。进入社交媒体时代，用户生产内容，机器人也生产内容，假新闻开始频繁出现于社交媒体平台，专门的事实核查机构因此诞生。这些事实核查机构由高校机构、记者团队、NGO 等创建，既有专业的新闻工作者参加事实核查，也有民间专业人士参与。独立的事实核查机构也与媒体有密切合作关系。随着技术的快速发展，事实核查主要依赖于技术手段来核查解决假新闻的问题，例如，爱尔兰的社交媒体时代通讯社（Storyful）对社交媒体（诸如 Twitter、Instagram 和 Facebook）上的新闻内容做甄选和整合，并在内容生产过程中对新闻源进行核实，其主要利用程序为新闻机构提供新闻事实核查服务。在国内，腾讯创办了《较真》栏目，是一个致力于新闻查证的全民平台，目标是对各种假新闻、缺陷新闻、谣言、钓鱼贴、营销贴进行查证和快速打击。《较真》平台采用邀请和推荐机制选取平台查证员，让专业人士加入进来，以使各类谣言验证更客观和科学。

第三节　基于内容生产者互动关系的新闻生产创新

新兴的新闻业生态体系中最引人关注的改变就是多种内容生产者共生，不同的媒体比如自媒体，以及商业组织新媒体都在进行内容生产，而且来源于专业生产内容的内容品质以及传播形式极其明显。怎样在多种内容生产者共生的背景下继续坚持做新闻，无疑对于媒体来说是比较具有挑战性的。

2014 年，新闻业又进入了一个新的征程。2014 年以后，使用智能化推荐科技的内容发布平台喷涌而出。在内容发布平台上又聚集了多种内容生产者。媒体创建多平台账号，基于内容发布平台发布内容。政务、商业组织、企事业单位等方面的新媒体以及创业类自媒体也常驻内容发布平台。内容发布平台上的媒体和其他多种内容生产者一样，生产工具相同，用户群体相同，并无明显优势。

实质上，内容生产者之间可能会出现互动关系。比如，政务新媒体和媒体之间就产生了竞赛关系。在传统媒体阶段，政府机关属于媒体固定的权威的信息来源，可是由于政务微博、政务微信、政务抖音号的兴起，媒体和政府机关的联系也随之改变，一个特别明显的问题就是：政府机关的新闻首发权应该交由政务新媒体还是传统媒体。每个政府机关的职责不同，和媒体的关系也有所区别，一些情况较为复杂的新闻会交由媒体，反之，有一些政府机关只交由政务新媒体权威发布。

针对媒体来说，当液态的、网状的连接关系生成以后，就表示在新闻事件发生之时，不会再出现稳定固态的媒体和用户的关系，以及固态的媒体和采访对象的关系。媒体变成了一个流动状态的用户，并且和新闻报道的目击证人、当事人、评论人员一样同属于信息来源。在智能传播背景下，液态的网络连接关系极其复杂，一起出现的内容生产者中也有可能会出现机器内容生产者。

媒体怎样以内容生产者互动关系为基础，进行新闻生产规范的调整呢?

一、作为策展人的创新实践

在新闻信息被多种内容生产者分解成碎片的状况下，媒体编辑部只能打破新闻生产规范，紧跟网络时间轴，把新闻报道以碎片式的形式跟进报道流程。在此环境氛围中，新闻媒体的优点也逐渐被分解。在新闻事件发生之时，第一消息大概率是来源于用户生产内容，比如目击证人将视频传至微博；推动实施进程的当事人给出的解释大概率来源于政务新媒体的权威发布；较为优秀的新闻点评大概率是来源于观点领袖。换句话说，在整个新闻事件过程中，媒体一直在追随着，但是没有体现出任何竞争优势。所以，新闻策展成了媒体摆脱这一尴尬处境的唯一办法。

新闻策展指的是专业新闻人、消息源头、公众等角色在新闻的公布、挑选、排列、评价各流程实时互动地合作。陆晔、周睿鸣两位专业研究人员认为经过专业新闻人、消息源头、公众协同参与的新闻策展，并不是专业记者生产的新闻文本，而是多个文本重新组合而成的一个组合体。其实质就是来源于新闻编辑部的新闻策展执行过程。这个由多个文本重新组合而成的组合体，在某种程度上属于编辑部多种内容生产者的专题计划，并且还融入了编辑部的专题计划结构。媒体在多种内容生产者共生的背景下，使用对不同生产者的阐述结构融合镶嵌的方法，选择内容并且策展发布。新闻策展形式不仅符合新闻生产者的职业化需求，还聚合了更多的资讯，被媒体称作节点型主体，也变成了用户进行新闻精选的入口。

智能传播背景下，对新闻进行策划、筛选的方法种类繁多，在部分使用智能推荐算法的内容分发平台或是供以新闻数据检测服务的技术公司，新闻策展通过算法自动实施，也就是聚合相同主题状况下的新闻以及评论。比如关于“两会”报道的新闻策展，该主题新闻的聚合布展会通过数据的自动抓取，再结合不同维度算法下的布展排列次序。只是利用算法自动实施的新闻策展的精准程度比不上人工编辑策展，而且也无法表现出编辑部的价值判断，因此将来能够被普及的最佳形式应该是人机合作的策展形式。

二、新闻生产者的再专业化

在多元内容生产者共生的阶段，对于新闻生产机构来说，做出差异化优势的关键是专业化。在熙熙攘攘的碎片化信息中，各类内容生产者提供的都不是专业化的内容，特别是在新闻生产中，媒体仍有压倒性优势。一些媒体的创新策略是坚持做更专业化的新闻生产者。

首先，专注新闻生产，提升新闻质量，从新闻生产者转变为新闻供应商。媒体融合以后，一些媒体提出从新闻到内容，新闻编辑部产出的不仅是新闻，还有资讯、影像、智库报告等各类内容。但是也有媒体认为多元内容生产者共生的阶段，新闻生产机构只有在社会公共生活中具有特殊意义的“新闻”领域才具有优势，应专注于新闻生产。例如，财新传媒一贯以优质严肃的财经新闻取胜，因此财新传媒在2017年宣布采取付费阅读策略。而国外媒体如《纽约时报》等早就开始实行付费墙，目前《纽约时报》拥有超过290万数字订阅用户，订阅用户总数（包括印刷版与数字版）达390万，已形成的订阅基础可以提供公司将近三分之二的总收入。同样专注于做移动端新闻供应商的《新京报》2018年全年版权收入有4 000万元，目前《新京报》记者团队中仍保留有50名调查记者。无论《纽约时报》还是财新传媒《新京报》均以优质新闻取胜，叙事形态、策略等变化不大。

其次，基于政务新媒体等其他内容生产者的竞争，媒体新闻生产应探索数字新闻生产的专业化。传统媒体时期延续的新闻生产常规正在遭遇多元内容生产者的冲击。例如，媒体对于政府机关等权威机构信源的报道方式，原本以发布通稿为主，发布告知性的消息，但是目前政务新媒体发展迅速，已经具备跨平台发布政务信息的能力，这类告知性的消息往往先于媒体发布，特别是政务新媒体也入驻了主流媒体平台，如南方号等，媒体需探索新型生产方式。

第五章　人工智能与新闻传播

第一节　人工智能对新闻传播内容的影响

一、人工智能对新闻理念的影响

根据内容来说，传播活动常常包含新闻、广告文娱、游戏以及其他多种类型的内容。根据新闻传播活动来说，新闻是新近发生的事实报道，包括新闻事实与新闻报道两个方面。人们也能够从这两个方面深入讨论人工智能对新闻观念的影响。

（一）新闻报道的理念：新闻时效性的变化

其一，人工智能带给新闻即时性的改变。新闻重申“新”，不仅是完全意义上的“新”，还是相对意义上的“新”。工业化时代针对“新”的规范明显和人工智能时代的规范不完全相同。从新闻时效性来看，最强的是手机、智能化媒体以及网络，其次是电视与广播，报纸居于其后。而“机器人撰稿”的出现，让媒体记者在新闻播报的“即时性”上可望而不可即。比如，在2016年里约奥运会开赛一周，AI机器人张小明通过对接奥组委的数据库信息，实时撰写新闻稿件，以跟电视直播几乎同时的速度发布稿件。据了解，张小明主要报道乒乓球、网球、羽毛球和女足的比赛，6天共生成超200篇简讯和资讯。张小明（Xiaomingbot）为今日头条编写了450多篇关于奥运会的新闻稿件，阅读量总数达到百万以上。张小明生成的内容包含了全部体育新闻的关键信息，其中包含比赛项目的名称、比赛时间、比赛规则、体育馆名称以及参赛人员的姓名、年龄与国籍等。这是国内第一款可以报道奥运赛事的智能机器人，在结合了最新的自然语言处理、机器学习和视觉图像处理的技术之后，通过语法合成与排序学习生成新闻。

从国外来看，《纽约时报》先前研发出一个人工智能软件报道美国大选过程。这个软件每日早上都可以给读者发布实时的选举信息以及分析数据。如果用户订阅了美国总统选举的新闻，就能够在第一时间获取相关资讯。除此之外，消费者通过填写邮政编码，还可以得到由机器人提供的国家和地区的投票最终结果。除了《纽约时报》之外，美国有线电视新闻网以及美国全国广播公司等新闻组织都相应地选择了自动化技术或者机器人新闻写手功能，为广大用户提供实时的最新选举新闻。

在以上新闻实践过程中，人们能够看到新闻报道在即时性上的转变，新闻发生到新闻播报的时间差在人工智能的作用下持续变小。新闻始终被视作易碎品。“全时”与“即时”将代替“及时”，让新闻更加接近用户，更接近新闻的实质。人工智能在一定程度上极大提升了新闻报道的即时性。

其二，“时效性”不仅包括“时”，同时也包括“效”。“时”即“即时性”，人工智能对新闻即时性的影响同前述；“效”常指效果，“快”有时并不意味着有着令人满意的效果，尤其是相对于新闻用户的需求而言。美国《时代》周刊创始人Henry Luce认为“快新闻”是用最快速度对某时某地的某事做简略报道；“慢新闻”则是用较长时间去深入调查一条新闻事件的来龙去脉、前因后果。“慢新闻”则注入了记者的主观性阐释，是“有思想的新闻”。在媒体技术不断发展，机器人写稿一秒传千里的“快时代”的当下，“慢新闻”的理念已经得到一些专业媒体的推崇。“快”是属于技术的时间，抢时间的新闻让智能机器人去做；“慢”节奏是属于人的时间，“慢新闻”留给人类记者来做，以推出更具思想深度与人文厚度的新闻产品。“快新闻”更接近于纯粹的Message，“慢新闻”则包含着记者的思想和观点，是具有原创性、独创性的活动。人工智能大幅提升了“快新闻”的生产发布效率，对于“慢新闻”，人工智能则为新闻生产提供了更具深度、更加全面的背景材料和数据分析，助力记者深入报道更为复杂的新闻事件。人工智能时代新闻时效性理念的变化，凸显了人工智能时代人们对新闻的新思考，将影响新闻未来的发展形势。

（二）新闻事实的理念：对新闻真实性的影响

对新闻真实性的影响重点体现在人工智能背景下出现的虚假新闻，虚假新闻一直是新闻界亟待解决的重点问题。人们对于人工智能科技的引入，本意是希望能够帮助解决虚假新闻层出不穷的问题，但是AI技术不只带来好的一面，同时还会带来坏的一面。随着人工智能科技的普及，虚假新闻现象仍未解决，并且还产生了新的变体。

其一，人工智能被应用于新闻采写领域，在报道过程中难免会出错。比如，《洛杉矶时报》机器人就已经出现过这方面的问题，由于洛杉矶地区的小地震非常常见，于是洛杉矶时报在推文上报道洛杉矶地震新闻时说加州地区曾经发生了6.8级地震，可是没多久，《洛杉矶时报》就更改了该推文，内容是："请注意，刚刚删除的自动推文中提到的圣芭芭拉地区发生6.8级地震，所发生的时间是在1925年。"很明显在这就是一场虚假新闻的典型案例。Quakebot是美国2014年启用收集地质消息的机器人，隶属于《洛杉矶时报》，它通过对调查数据进行算法报道，在过去多年里，成功报道过上百次地震的消息，然而最终出现了这次失误，虽然这是第一次失误，失误的概率非常小，但也证明会出现协作机器人报道出错的现象。

其二，人工智能的发展，使造假新闻层出不穷。在2017年，华盛顿大学以美国前总统奥巴马为研究对象，利用技术制作了一段一分多钟的假演讲视频，画面和声音都到了足以令人信以为真的地步。研究团队利用了一个智能小程序分析和学习奥巴马的所有视频，只需要自行研究17小时，人工智能就可以模拟出人形细节，从而匹配出奥巴马演讲的数字影像，而这仅仅只是通过人工智能对声音的判断。2023年美国媒体报道，AI将首次深度参与美国大选，专家担忧选民或遭误导和操纵。据《今日美国报》网站5月3日报道，在美国总统拜登上周宣布竞选连任后，共和党全国委员会立即发布了一则攻击他的广告，包括金融市场崩溃和移民从边境涌入等画面。这个时长30秒的短片炫耀地附上一条免责声明："本片完全由人工智能（AI）图形工具生成。"专家说，这则广告预示了2024年的总统选举情形。2024年预计会成为美国历史上首个AI选举周期，AI可能在决定选票方面发挥关键作用。而这也引发了人们的担忧。报道称，尽管这项技术变得更加成熟和强大，并扩展到美国人生活的方方面面，但管理其使用的规则仍然很少。受到这则攻击拜登广告的刺激，民主党众议员伊薇特·克拉克提出一项议案，要求政治广告披露使用AI生成图像的情况。

二、人工智能对新闻采集手段的影响

从采集新闻数据信息这一切入点出发，通过数据的获取和信息的整合，从两方面研究人工智能是怎样影响新闻采集手段的。

（一）人工智能与新闻数据获取

首先，人工智能的语音识别和数据获取。通过语音识别的系统和人类自然的语言结合在一起，创造高效率的语音接口，结合现有的设备，实现有效、便利的互动。最早于2014年，就出现了由百度研发的第一代智能语音识别系统Deep Speech，尽管处在热闹喧哗的环境中也能拥有高达94%的准确识别率，这是一种端对端的人工智能语音识别系统，由吴恩达和百度团队共同研发。2018年，《人民日报》首次在"两会"报道上引用了人工智能语音识别系统，从此语音识别系统进入各大新闻媒体领域。在各种各样的重大直播、会议视频中，人工智能语音识别系统都能够实现中英文或其他各种语言的实时翻译，为提升新闻讯息的发布和传播速度做出了重大贡献。同时，利用网络智能的算法和超强的数据库，能够实现对语音视频和文字图像等的高效率分析和整合。

其次，人工智能的视觉和数据获取。支持人工智能的设备系统拥有一种"计算机视觉"，也就是可以代替人眼记录图像，甚至一些人眼看不到的数据信息也能够轻易地推导出来。譬如，

Digital Globe 可以根据需求从最适角度进行最大程度地拍摄，美联社通过 Digital Globe 公司所提出的基于卫星摄像机的图像可视化方法，证实了东南亚海底的非法捕鱼，也揭示了所存在的非法内幕，并在 2016 年荣获了普利策新闻奖公共服务奖。再譬如，计算机利用视觉技术发现“微表情”的功能十分强大，可以从中收集到信息。来自哥伦比亚大学的科学家阿米尔·伊曼尼认为：“在一个孩子成长的过程中，开始慢慢长大学会根据父母的神态和表情做事情，这其实就是在实际的行为上，从父亲母亲的表情神态来判断父亲母亲的不同心情。如果我们想要计算机视觉也能够通过表情来判断心情，那么它首先需要先理解人的什么表情会传递什么样的心情，像孩子一样花上三年的时间来学习之后，就可以通过识别各种不一样的面目表情来做出判断和分类了。”伊曼尼和他的团队设计了计算机视觉系统，这个系统结合了“微表情”识别技术，将表情和情绪做了匹配，比如睫毛向上抬起的表情就等于表示惊讶等。他在 2017 年和新闻客户端 Quartz 的记者共同报道了美国总统特朗普在就职现场的演讲，特朗普在发表就职演讲谈及敏感事件时，就可以通过计算机视觉系统对面部表情进行识别和分析，得出他的真实情绪。

综上所述，美联社和新闻客户端 Quartz 的记者在技术的帮助下，看到了人眼难以察觉到的数据信息，借助计算机的视觉技术获取了一般难以被发现的新闻事实。

（二）人工智能与新闻信息整合

其一，人工智能达成新闻语音输入。语音识别系统能够实时将语音转化为文本，也能将文本转化成语音。2018 年“两会”上语音识别系统的引入正说明了这一点。这项技术给新闻视频的剪辑和新闻声音的录入带来巨大便利。比如它能使新闻栏目实现自动匹配字幕翻译，不管是对外文频道外文的识别还是地方频道方言的识别，都能迅速实现字幕录入，降低生产成本，减轻编辑负担。在视频直播、新闻见面会等方面省时省力，使文本信息与语音信息实现同步整合。未来的配音工作都可以使用机器自动化。

其二，人工智能优化选题方式。通过对趋势的挖掘和验证，为新闻记者的选择提供了一个方向和切入点。人工智能软件可以从众多数据中发现其特点，并从中获取有用的信息，去帮助新闻工作者深层次地理解观众，更好地对舆论进行监督和指引。美国著名新闻博主 Mashable 在 2016 年 2 月参加活动时表示，媒体需要学习如何用人工智能去挖掘新闻故事。对此，Mashable 开启了 Velocity 数据分析工具平台，将链接里的文章识别，发现传播中可能引起关注的热点。这个平台不仅能够帮助编辑人员分析某个事情的关注程度，还能通过实际状况进行合理地报道。

其三，人工智能为报道提供监控和预测。美联社通过使用 AI 技术 News Whip（新闻鞭）对数据和发展形势进行探究所完成的数据驱动型方案，对美联社的日常新闻工作起了很大的帮助，主要体现在：第一，监控。通过 News Whip 的产品和技能，每两分钟对包括 Facebook、Twitter、Youtube 在内的全球主要社交网络上的活动进行扫描，并将这些活动行为和成千上万的内容相对比，来展现哪些内容是当前传播速度最快的，哪些数据是当前表现最好的，内容的发展形势、报道方向和讨论热度又是怎么样的，什么样的内容更适合观众的兴趣。利用 News Whip 对大量实时交互数据进行跟踪，并将其转换为可实施的分析，以辅助媒体工作者制定有利的内容生产战略。第二，预测分析。除了对数据的实时跟踪之外，News Whip 为了更好地辅助新闻机构能够从多角度对内容进行分析，提供了大量数据的沉积，帮助媒体平台更好地去报道。多种智能算法分析工具，将新闻工作者的感觉和经验相互结合，进行扩大，提高了编辑能力，很大程度上帮助了人们进行报道决定，优化选题方案。

第二节　人工智能对新闻传播者的影响

一、人工智能对新闻记者、编辑影响的表现

算法新闻业务链与传统的新闻业务链相比，最大的差别就

是主体的变化。传统的新闻业务链中，主要的工作人员为记者和编辑，即人是主体，大部分新闻业务链都需要依靠人来完成或把关，考验的是人的感知能力、判断能力以及价值观认定等。但算法新闻业务链中，新闻的产生和传播过程很大程度上依靠大数据技术和算法工具的能力，所以此时新闻业务链的主体转化为了相关算法工具，也就是机器人。算法对于新闻业务链的影响主要表现在以下两个方面。

（一）机器人记者

其一，机器人新闻写作。和之前的人工智能在传媒行业的运用不同，机器人新闻写作的最大特点是完全自动生产新闻。当今媒体资源求过于供，在美国总统大选之日，机器人新闻写作在其中发挥着很重要的作用。譬如，《纽约时报》研发了一个智能软件，它可以将时政记者提供的关于美国总统选举的信息自动更新出来。使用者也可以通过这个机器人了解报纸对各州的预测和国家情况。《纽约时报》的主任菲尔普斯说，这一创新的目的就是让新闻更好地走进读者的手机，拉近读者和新闻、读者和记者的距离。菲尔普斯说，利用机器人软件获得新闻大多数是年轻人，用户数量能实现六位数。另外，除了北美洲，欧洲新闻行业也在互联网科技公司的帮助下举办了机器人记者活动。像谷歌花费了 70.6 万欧元去帮助英国新闻报业协会举办机器人记者活动，并保证机器人每个月能够为当地媒体提供 3 万篇新闻。

协作机器人，实际上就是直接利用算法程序来撰写新闻报道，相对于人类记者，它的一个突出特点便是写稿速度快，写作效率很高，如美联社使用机器人每季度可写出 3 000~5 000 篇报道，人工编写只能达到 200 篇，前者的效率是人工记者的 15 倍。例如，2015 年 5 月，美国国家公共电台公认的写作好手，驻白宫记者、商业记者 Scott Horsley 曾与美联社机器人记者 Word Smith 上演了一场人机报道对战。虽然 Scott Horsley 的稿子因更能为读者提供想象空间、更有温度而赢得了 9 000 余名读者的认可，近乎为支持 Word Smith 读者数量的 10 倍，但后者仅用2分钟就完成了写作。显然，利用人工智能，新闻界能够增加新闻报道的数量，这是人工无法迅速做到的。但与人类作者相比，新闻协作机器人还存在一些不足。第一，在对信息的联想及观点评论等方面，机器人难以达到人类所具有的主观判断和分析能力，难以理解和完成解释性报道等深度报道。因此，新闻协作机器人通常应用于模式化或者简单化的报道写作，如前述体育赛事等报道。第二，限于数据的公开程度，在一些数据相对不够完整、结构性不强的领域，新闻协作机器人还难以充分发挥价值。

其二，机器人记者担当人类记者的助手。机器人不仅可以在某些报道领域承担写稿的任务，同时还可以担任人类记者的助手。例如，2017年3月1日，机器人“小融”进驻位于人民日报社新媒体大厦的“中央厨房”全媒体大厅担任小助手。基于全媒体大厅的日常应用场景，在东、南、西、北四个大厅里的机器人“小融”，成为导览、互动小助手，还可以进行WiFi登录审核、互动聊天、会议提醒等。再如，全国“两会”期间，新华社派出了一位机器人记者“爱思”（Inspire），“爱思”不仅可以与用户实时互动，提供“两会”代表委员查询等服务，还可以帮助采访“两会”代表，在直播间担任新闻访谈节目的特别嘉宾等。又如，在新闻采访中，常常有一些现场对于记者而言是有一定的危险性的，在这种情况下，人工智能便能更好地发挥作用。无人机拍摄就是一个比较典型的例子。

（二）智能推荐算法系统的价值观念

算法是为了解决问题而输入机器的一系列指令。从广义上讲，算法是一种编码程序，通过特定的运算把输入数据转化为输出结果。迈克尔·德维托考察了Facebook的算法运作机制，概括出九大算法价值要素：朋友关系、用户公开表达的兴趣、用户先前的参与、用户含蓄表达的偏好、发布时间、平台优先级、页面关系、用户的负面表达、内容本身的质量。据研究，今日头条算法价值观念包括四要素：场景、内容、用户偏好和平台优先级。

其一，场景。移动传播的本质是基于场景的服务，即对场景（情境）的感知及信息（服务）的适配。

其二，内容。尽管今日头条声称其没有价值观，然而研究发现，具有重要性、冲突性以及流行度的内容更容易通过算法筛选过程并进入用户视野。

其三，用户偏好。用户偏好分为两种类型：第一种是用户主动表达的偏好，包括点赞、评论、收藏、关注、转发、搜索、屏蔽；第二种是用户含蓄表现出的偏好，主要是指媒介组织通过搜集和分析用户数据而推导出的偏好。这些数据包括用户的注册信息、社交账号、GPS 定位、IP 地址使用的手机型号等。2018 年 1 月，今日头条资深算法架构师首次公开今日头条的算法原理，关于用户特征，主要有四类最重要的用户特征将会输入给算法，影响到推荐算法的工作。第一类是相关性特征，就是评估内容的属性和维度与用户是否匹配；第二类是环境特征，包括地理位置、时间；第三类是热度特征，包括全局热度、分类热度、主题热度以及关键词热度等；第四类是协同特征，它可以在一定程度上帮助解决所谓算法越推越窄的问题。

其四，平台优先级。迈克尔·德维托分析指出，平台优先级是影响 Facebook 信息流呈现的因素之一。例如，Facebook 会在用户信息流中优先呈现自己平台上的视频而非 YouTube 上的视频。平台优先级也是今日头条算法价值观念的要素之一。总体而言，推荐算法的价值观念一般包括场景、内容、用户偏好和平台优先级。

二、人工智能对新闻记者、编辑影响的结果

（一）替代

未来机器人能够取代记者进行编辑吗？目前已经出现了部分机器人代替记者写作新闻、智能算法代替编辑修改编写的这些现象，在之前的章节中我们对这一问题进行了讨论，从多方面、多维度进行了分析和思考，如分别对全部和个体以及在生活和科技等方面进行辩证分析，得到客观、严谨的看法。

（二）影响

智能算法需要考虑的是对信息把关的影响。传统新闻的记者和编辑是根据对新闻要素的敏锐度，通过对新鲜、重大的新闻要素进行抓取和对自我职业的认同感，来对事实进行新闻编写工作的。而随着互联网技术的迅速发展，计算机智能算法具有更加方便、快捷、随时随地、时间碎片化的功能，传统新闻工作者对信息进行的把关，现在也要退居智能算法之下。比如，2015 年《纽约时报》的 R&D 实验室研发出了一个机器人，可以帮助编辑对文章内容进行采集、鉴别和标注等工作，而在完成这个事情的同时机器人还可以给出提示和弹出可以用到的相关标签。未来对于相关新闻数据信息的把关工作都会逐渐地移交给计算机智能算法，因为传统媒体对于新闻的编写、选择以及主观意识等方面，算法同样也可以做到，甚至效率会更高。叶夫根尼·莫罗佐夫认为算法也有其不足之处："或许人工智能的算法会更快、效率更高和成本更低，但是这和生活中人们日常的角色没有特别大的联系，人们犯一些能够被解决的错误是被允许的，不应该对伦理进行严密的检查，对于重要事情的恶化忽视不见，反而去改善一些本就不重要的事情，这是非常值得深思的本末倒置。"算法技术没有好坏之分，但是算法在新闻传播业中存在的诸多问题，是需要职业新闻人在场处理的，人机协同把关将对新闻传播业的健康发展起到关键性的作用。

（三）合作

新闻工作者与人工智能协同合作。在这个算法的时代，记者的使命被看作是与人工智能进行合作。一方面，记者和机器人进行合作。目前来看记者还没有被智能算法完全取代，但是可以肯定的是，算法对于把关具有一定的权力影响力。在此阶段，我们应该将机器人作为一种便捷的劳动力，加强人机之间的合作，以促进劳动的深化和加强，从而更好地为新闻内容实践和新闻用户服务。喻国明认为，利用机器人设定规则自动抓取特定新闻的特点，将重复枯燥的新闻采集工作交给机器人，将人的更多时间解放出来去进行创造性工作。未来记者的主要工作方向应该是高品质的调查和解释新闻。对于把关带有敏感话题的新闻议题，人是必不可少的，如果对于敏感问题处理得不稳妥、不严谨，会对社会造成重大的损害和不可挽回的影响。另一方面，记者和算法技术人员进行合作。新闻记者不能盲目地随便滥用智能算法，应该有目的性地利用算法去编程决定新闻内容，将新闻和技术紧密地联系在一起。

第三节　人工智能对新闻媒介的影响

我们可以从四个层面来理解媒介：作为符号系统的媒介、作为技术的媒介、作为终端的媒介、媒介的泛媒化发展趋势。

一、人工智能对作为符号系统的媒介的影响

人与机器人之间的沟通、交流，让机器人理解人类行为，并以适当的方式进行回应，即让机器人能够以人类听得懂、看得懂的方式进行回应，这便涉及大量前沿技术，尤其是人工智能相关技术。比如，使机器人能听懂、理解人类的语言，就涉及语音识别技术等。

（一）人工智能对语音的影响

语音是人与人交流沟通互动的重要媒介。语音识别是自然语言处理的一项比较基础的分支范畴。自然语言处理主要研究如何理解和产生人类自然语言，包括语音和文字两种形式，而文字又包括词语形态、语法、语义、语用和篇章五个层次，相当于提高计算机的语言智能。具体方法需要借助语言学、心理学、社会学等多个学科的研究成果，也要借助机器学习的研究成果。基于大量语料借助深度学习等算法进行数据挖掘的自然语言处理技术，在近几年成效显著。例如，新华社通过自然语言处理技术，制作了中文“AI 合成主播”，它模仿的是著名新华社主持人邱浩，不管是邱浩的外形、声音、眼神还是脸部动作、嘴唇动作，首次上岗的“AI 合成主播”与真人邱浩的相似度都高达 99%，最令人惊叹的是它可以随意模仿 99% 的主持

人，随意切换，不仅模仿他们的声音，还能克隆他们的相貌。

（二）人工智能对手势等体态语的影响

以手势为代表的体态语是人与人之间交流的重要媒介。人与智能设备之间如今也能通过手势等体态语进行交互，这反映出了人工智能对作为符号系统的媒介的影响。例如，一个广受关注的体感设备 Leap Motion，它通过两个摄像头捕捉经红外线 LED 照亮的手部影像，经三角测量算出在空间中的相对位置。如前所述，这种人与机器之间的交流方式，随着 AI 技术的发展，越来越趋向于本能性的交互。人类通过脑电波等方式直接与智能设备互动。

（三）人工智能对图片视频媒介的影响

当然，作为符号系统的媒介并不仅仅是指语言（包括口头语言和书面语言），同时还应包括图片、视频（尤其是短视频）等形式。那么人工智能对图片、视频媒介的影响是什么呢？牛津大学的科研人员发明了这样一个 AI 系统，可以把静态的图片变成动态的视频，甚至可以让照片里的人开口说话，建立音频轨道。科研人员表示，希望这个 AI 系统能将新闻自动翻译成不同语言的版本，并且口型也能对应上。这可大大提高一些国际化的新闻平台新闻输出的效率，并且减少翻译成本。不止牛津大学在研究这项技术，华盛顿大学也开发出了类似的 AI 系统。相比牛津大学的“照片变视频”，他们开发的人工智能系统能够将嘴型及其纹理移植到现有视频的人脸上。如前所述，2017 年 7 月华盛顿大学的研究人员利用人工智能，经过 17 小时的“自主学习”后，通过奥巴马的声音，判断出对应的面部细节，从而模拟出匹配的数字图像，由此制作了一段时长 1 分 55 秒的美国前总统奥巴马演讲的假视频，其图像和声音都达到以假乱真的水平。

二、人工智能对作为技术的媒介的影响

人工智能对媒介的影响主要表现在赋能上。譬如，科大讯飞股份有限公司推出了能进行听和说的有声智能报纸，这一现

象的出现颠覆了传统报纸，为新闻界注入了新鲜血液。再比如，将人工智能和电视结合起来的智能电视可以进行用户分析，通过感知系统和大数据技术的结合，实现行为偏好的识别，为不同的用户提供不同的服务体验和个性化交互功能。

三、人工智能对作为终端的媒介的影响

（一）人工智能使移动终端变得更智能化

智能手机等移动终端中加入人工智能使手机更加智能化、人性化，也能更好地满足人们的需要，提升用户的体验感。譬如，苹果手机的语音识别接口 Siri 能够完成用户对日常生活的需求，可以通过 Siri 实现查看天气状况、地图路线或拨打电话等功能。

（二）人工智能扩展可穿戴移动终端的功能

谷歌公司发布了一款智能眼镜，可以进行和人类眼睛观察视角相似的摄像，也被称之为“第一人称摄像”。谷歌眼镜是一种可以增强现实的可穿戴设备，实际上是将人工智能和移动终端相结合的产物。通过眼镜的镜片形成一个类似于手机和笔记本的虚拟屏幕，能够体验接打电话、处理电子邮件和上网等功能，相当于在现实的世界叠加了虚拟的环境。

（三）人工智能作为媒介终端

一方面，无人机在进行新闻数据采集的应用中大显身手，在轮船翻沉、港区爆炸等危险事件的报道中，无人机在收集信息中大有作为。无人机新闻具有众多优势，主要有方便快捷、成本低、安全性高等特点。另一方面，对智能机器人的主要研究内容在于对其行为和感知等能力的提高。例如，社交机器人就是研究如何像动物和人一样拥有行动力，作为一种新型移动终端以便更好地为服务对象提供更多的信息。

（四）作为终端的媒介的泛媒化发展趋势

“泛媒化”在本章中指的是从人工智能对于媒介影响的角度来谈的，人工智能让媒介终端变得更自动化、媒介化和多样化。媒介的终端化除物体外还有人，从字面意义上来看，物联

网好像是物体与物体之间的联网，但是这中间也存在人，当人们从智能手机或智能穿戴设备中接受直接的传感和相关信息的时候，人本身在某种意义上也成了一种人体终端，人们可以通过自身的终端化向外部发送丰富的信息，这是根据人的主观意识进行处理和加工的信息。也可以通过吸收外部数据进行分析和处理，获得更深层、更常态化的认识。人和智能物件的联系加强了人的感知和交互能力，而人的数据化表现则增强了人的获取和处理数据能力。

以上我们分别提到了人工智能对于各种媒介的影响，分别对手机移动终端、穿戴式移动终端、其他媒介终端进行了阐述，此外还提到了终端媒介“泛媒化”的趋势。我们可以说信息的承载方式发生了改变，但是社会生活将永远对信息有所需求。对于新闻媒体来说，媒体的载体变了，而新闻报道的内容和信息将永远存在。

第四节　人工智能对新闻机构的影响

人工智能对新闻机构的影响主要表现在人工智能影响下新闻媒体组织机构的变化上。

一、原有新闻媒体组织机构的变化

（一）改革旧的组织机构

以建设智能化编辑部为例：新华社正在加快推进人工智能在采编业务中的应用，建设以智能技术为基础、以人机协作为特征、以大幅提高生产传播效率为重点的智能化编辑部。通过升级“现场云”资源聚合平台，利用“媒体大脑”平台的智能采集、用户分析、图像识别、语音合成等功能，推进策划、采集、编辑、加工、分发、反馈等环节的全流程应用，探索智能化编辑部的标准和范式。

（二）增添新的组织机构

举例说明如下：《芝加哥论坛报》正在实施把数据团队加

入新闻编辑部的改革，双方就明确的新闻报道任务实时进行直接交流，协助记者调查和报道故事，在线描绘故事，并为芝加哥当地的特定群体建立永久的网络资源。澳大利亚全国广播公司则组建了包括网页开发及设计人员、数据采集分析人员、数据挖掘及图形可视化技术人员等七类人在内的数据新闻团队，来完成从传统新闻编辑团队向数据新闻编辑团队的转变。

（三）开展跨界合作

2016 年，《纽约时报》宣布与技术公司 Jigsaw 合作，利用该公司的人工智能改善其评论版块。通过利用 Jigsaw 软件，《纽约时报》的网络社区服务平台提升了管理社区评论的速度。在合作之前，《纽约时报》由 14 位记者组成的评论版团队，每天手工审查大约 11 000 条评论。数据的来源和加工挖掘都需要专门的技术人才和设备等，跨界合作，也许是比自己事必躬亲更适合的方式，不仅可以降低成本，还可以通过合作碰撞出新的火花。

二、新兴新闻资讯科技公司的出现

例如，今日头条、微博、YouTub、Facebook、Twitter 等新兴新闻资讯科技公司的出现。Twitter、Facebook 是新闻媒体机构吗？据路透社报道，Twitter 首席执行官杰克·多西表示，公司的使命之一是成为“大众新闻网络”。他表示：“Twitter 是告诉人们正在发生的事情，人们正在谈论的事情，Twitter 是大众新闻网络。”最近 Twitter 与一些媒体公司和体育组织签署协议，直播总统选举辩论和周四晚上的 NFL 比赛等重大活动。Facebook 的扎克伯格声称：“我们考虑 Facebook 在给人们带来发声权上的所作所为，在未来我们需要确保这些工具被用来给世界各地的人创造最大的利益。Facebook 是一个新型平台，既不是一个传统的技术公司，也不是一家传统的媒体公司。我们打造技术，并对它的使用负责。虽然我们本身并非网络新闻的撰写者，但同时我们也清楚自己并不仅仅分发新闻，也是公共话语的重要组成部分。”这意味着扎克伯格实际上将 Facebook

看作某种媒体公司，但并非传统意义上那种以创造内容为主的公司。从前面的声明不难看出，扎克伯格愿意让 Facebook 承担某些责任，同时避免被戴上“媒体公司”的帽子而必须承担更多责任。总之，人工智能对新闻机构的影响，不仅表现在原有新闻媒体组织机构的变化上，更表现在新兴新闻资讯科技公司的出现。

第五节　人工智能对新闻用户的影响

一、在人工智能的影响下，新闻用户所处的媒介生态环境发生了变化

媒介所处的生态环境不是永远不变的，现在的媒体生态是由传统的媒体和新媒体一起构成的，而且对于“新”的理解，只是相对而言的，并且传统的大众媒体也在积极向着数字化转变。“泛媒化”正在逐步成为一种发展趋势，物体结合人工智能迅速发展成为现实，媒介的生态环境一直处在变化当中，新闻的用户也越来越被包围在智能媒介之中。

二、在人工智能的影响下，新闻用户在主观层面上对新闻诉求的变化

新闻用户对于信息的需求和技术的变化无关，调查研究发现，用户对新闻的需求千态万状，主要是对于认知、情感、个人和社会等方面的需求。但是需要的类型却会有所变化。用户要求越来越高的是新闻的质量，比如新闻的时效性和真实性等。随着在人工智能等技术的不断提升，机器人写新闻稿具有很高的效率和速度，可以在事件发生之初，同步进行新闻事实的直播。但是 AI 技术的发展之下，造假的图片和视频也层出不穷，人们有时也很难辨出真伪，因此在这种新环境的影响下，新闻用户对质量要求很高。在智能推荐的环境中，实时新闻已经无法使人们获得好的体验感，因此人们更加偏向于解析性报道或

者是一些更有深度的报道。智能推荐迎合了人们对于自身爱好的需要，并且还让人们对于新闻的消费趋于片面化、破碎化且不成体系，此外，因为当前的新闻不管是文本形式的还是影像形式的，它们的特点都倾向于短、平、快。所以，用户对于解析性报道的需求欲望就越来越高。当然，科技仅仅属于一种辅助手段，还有一些别的因素在整个改变历程中发挥着独特的功能。

三、在人工智能影响下，新闻用户的新闻消费习惯发生了变化

从新闻用户的消费活动角度讨论人工智能对新闻用户所产生的作用。随着互联网科技和数字媒体科技的扩展和推广，新闻用户吸取和浏览资讯的习惯正在产生变化，从传统媒体时期文本浏览的思维探索至新媒体时期视听阅读的陶醉感受，用户对于信息能够感知的要求越来越严格，这就属于新闻消费习性的变化。

（一）看自己想看的新闻资讯

人工智能科技使用户看自己想看的新闻资讯变得更加便利。在智能搜索引擎出现以后，新闻用户能够快速根据自身的喜好找到对应的新闻内容，不再需要广撒网式地慢慢搜寻，但是想要打磨时间的除外。同时，用户的喜好会被所处的社会环境、文化氛围所干扰，这一现象并未被改变，改变的是用户能够通过人工智能的辅助搜索自己喜欢的新闻类型。

（二）转向互动对话式消费新闻资讯

其一，语音辨别、自然语言处置等科学技术的发展，让语言进行文字间的变化效率得以提升。比如，Siri、Google Assistant 等可以利用和人正常沟通的语言帮用户开启新闻客户端、找到新闻网页、搜索所需的新闻、进行新闻视频播放，还能够帮助用户不分时间地点将新闻共享到社交媒体中。例如，智能化的 Wibbitze 是一家基于文字新闻并结合人工智能将缺乏乐趣的文字新闻转变成短视频的科技创新公司。它并不想让用户去

"看"新闻，而是利用人工智能将新闻结合视频或是以动画、信息、图表的方式来阐述，如此一来，就可以避免阅读的限制性，以便于更充分地表达新闻内容。同时它还利用了一些奇妙的策划，例如打开头条或是商业方面的新闻网页后，就会自动开启反复播放由路透社 RSS 订阅的音频新闻资讯。倘若你想要接着浏览摘要，就可以拖动鼠标继续进行移动画面的浏览。再次拖动鼠标还能够提供原创文章的全文音频播报。

其二，更加重视对话式的新闻互动形式。特别是聊天机器人的涌现，让这种对话互动形式变成现实。CNN 推行了注重个性化发展的聊天机器人，每日向用户发送头条新闻。在每日发送的下方，存在三个选项即 Read Story、Get Summary 以及 Ask CNN。按照顺序敲击三个选项，用户能够阅读故事或掌握故事概况，还能够向 CNN 聊天机器人发起提问，打造一种一对一沟通互动的体验。从传统单一的"我写你看"的新闻报道形式，再到人工智能时代新闻阅读过程中的交互式体验形式，持续提升新闻报道对读者来说不只是内容的展现，更是体验过程的感受。比如，2016 年百度新闻上线了"聊新闻"App，采取人工智能和用户在聊天过程中传播新闻的形式，只需敲击"聊新闻"的功能按键就能够向机器人发起提问，查找需要的新闻内容，就能进行对新闻深入的阅读。"聊新闻"是一种人机交互形式，是经过人机"问答"的互动形式进行实现，人工智能甚至会在互动时持续采集用户有兴趣的信息，再按照其兴趣点实施更加准确、个性化的新闻派发及推送。与此同时，把"沉浸"与"在场"当作核心理念的虚拟现实等可视化技术的运用和发展，能够给读者带来更加崭新的沉浸式新闻事件体验。

（三）转向沉浸式体验消费新闻资讯

智能产品包括 VR/AR 设备，借助这些智能设备，人们可以在虚拟和增强的现实体验下体验新闻，带来不一样的新闻感受。新闻消费的方式在发生变化。沉浸式新闻这种呈现形式可以把用户自然地带入到新闻情境中去，提供更加真切、更具冲击力的体验，扩展了用户接纳新闻途径的多样性，用户获取新闻的途径不再是单一的、传统的文字、图像和视频。人工智能时代，用户获取新闻的途径已经从过去通过收音机和电视的单一传播转变为社交媒体的人机互动，并跨入到了人机交互的沉浸式状态。

AR（增强现实）新闻则带来现实和虚拟的融合，帮助用户认识很难接触实物的新闻对象。例如，新闻客户端 Quartz 在关于卡西尼号探测器的报道中使用了 AR 技术进行呈现，受众可以在手机屏幕上观看到现实背景下的卡西尼号探测器的 3D 渲染形象。具体地说，用户可以选择 AR 浏览模式，直接将卡西尼号投放在面前的空地上。除能够改变卡西尼号探测器的大小外，用户还可以尝试旋转图像，从不同角度观察这颗已经 20 岁“高龄”的土星探测器。再如，2019 年，《中国青年报》创意策划制作完成了 4 个沉浸式体验新闻：《VR 看军械能手火箭炮》《青春扶贫在路上背后的故事》《120 秒幕后见》和《红军桥的故事》。《红军桥的故事》是当时最“沉浸”的一个，它打破了传统的阅读方式，第一次做到了将 VR 视频、音频和图文融合成一部观看体验性极强的融媒体精品。而那座摇摇欲坠又承载着红色历史的“红军桥”经过中青报·中青网记者的报道，获得了公益捐助。当地用捐助款项建起了新桥，发挥了新闻推动社会进步的作用，VR 视频也让观众沉浸在新闻现场变化与发展的喜悦之中。

四、在人工智能的影响下，用户新闻素养发生变化

在智能技术的加持下，用户对新媒体技术的熟练度提升，因此也能够据此去判断虚假新闻，提升新闻素养。随着自媒体的发展，用户越来越对什么是新闻有着一些朴素的把握，展现了新闻生产的大众化发展趋势。如果说环境、身体、需求、行为、素养等层面大体上是围绕着新闻用户作为被动的个体或群体而存在的，那么我们还可以从主动这个视角去思考在人工智能影响下新闻用户的变化。

五、在人工智能的影响下，新闻用户自己生产新闻

当然，上述变化并非是在 AI 的影响下才发生的。但是 AI 的发展有助于自媒体新闻的发展，从消费者向生产-消费者双重角色的变化。例如，智能手机拍摄、智能剪辑工具的应用都大大方便了用户自己生产新闻信息。如果说前述层面是从固定的视角去思考人工智能对新闻用户的影响，那么我们还可以从流动的视角去思考人工智能对新闻用户的影响。

六、在人工智能的影响下，用户新闻消费的场景化、流动化

媒体的广泛发展，使新闻的消费不再单单只是一个地方。伴随着互联网的不断发展，汽车等工具已经变成新的信息传播场景，因此使用者对新闻的消费也会随之变动。前面讲的全是以新闻使用者的角度来讨论 AI 对新闻使用者的影响，现在可以站在传送者的角度来分析新闻用户受到人工智能的影响。个人爱好、行为习惯等信息可以使个性化在营销、探究和生产等方面更加突显。与部分大数据不一样的是，人工智能拥有学习和思考的能力，可以在分析问题时站在人类的思维上去考虑问题，得到的结论与消费者的想法更加接近。

根据以上阐述，我们结合媒介生存环境、身体、新闻需要、新闻消费行动、新闻用户素质等方面以不同角度，如主观和客观、主动和被动、流动和固定、用户和传输者的角度对受人工智能的影响而发生的变化进行整理。

第六章　智能编辑部的革新与实践

第一节　智能媒体概述

一、中国智能媒体发展的逻辑基础与现实图景

（一）智能媒体再定义

人工智能解放生产力和创造生产力的赋能机制在诸多产业和社会服务方面大展身手。人工智能的全面发展引起了各国政府的高度重视，强化国家主导，并从顶层设计实行优先战略。我国政府高度重视智能技术在各个领域的应用和发展。党的二十大报告指出要“构建新一代信息技术、人工智能、生物技术、新能源、新材料、高端装备、绿色环保等一批新的增长引擎”。如何抢抓新的重大历史机遇，深度强化人工智能与媒体融合，是新时代我国媒体高质量发展的必由之路。从我国人工智能的诞生与发展来看，2015 年国务院发布的《中国制造2025》中首次提出了“智能”概念，而后“人工智能”作为新的技术方向，2017—2019 年连续三年被写入《政府工作报告》，在 2019 年的《政府工作报告》中，又提出了“智能+”的概念，强调要打造工业互联网平台，拓展“智能+”，为制造业转型升级赋能，在新闻传播领域，人工智能也逐渐成为媒体创新传播范式和转型升级的新引擎。

“智能媒体”是近些年研究的热词，已有不少学者和业界专家对智能媒体展开研究，相关成果主要集中于智能技术与职业新闻理念、用户与算法可信度、信息环境多样性、智能化技术参与互联网信息治理、算法与权力、算法机制与信息价值观、透明度与算法问责机制等七个方向。但目前对于“智能媒体”

这一概念的界定仍无统一定论。媒体形态论认为智能媒体是指基于算法，以实时、动态的大规模数据为核心驱动的内容生产和传播的媒体形态；传播实体论认为智能媒体是通过模拟人类智能实现各种认知能力以及协同机制，使人与人、物与物以及人与物产生联系的自主实体；产品业态论认为传统媒体要进入智能媒体阶段，应该实现以价值的智能场景匹配为特征，以内容、用户数据和服务为核心资源，以“传统媒体+App+SNS+O2O+LBS 等”为主要的产品业态；特殊媒体论认为智能媒体是具备较高的识别与理解能力，能够在营销传播场景中进行最优决策，并具备通用性进化与自我创造潜力的媒体，等等。上述界定虽各有侧重，但都指出了智能媒体的核心特征：智能技术在交互连接与传播流程中的具体应用。著者认为在媒体日益平台化和平台日益媒体化的进程中，智能媒体体现了传播构型的巨大变化，智能媒体不仅仅是一种传播形态，它是基于人工智能在生产、传播、经营与管理等价值链中重构秩序的实体系统，是中心化生产与去中心化生产模式深度融合的产物。智能媒体依托 AI、5G、大数据、云计算、传感器、虚拟现实等新兴技术对媒体和平台进行全流程、全链条改造，包括技术、产品、应用和产业等基础架构，形成媒体与智慧城市、文化产业、社会治理等相关领域的深度连接。

（二）中国智能媒体发展的总体概况与热点聚焦

1. 媒体深度融合，迈向智能媒体新阶段

媒体融合还获得了政策的扶持，从 2004 年至今，我国落实了很多和媒体融合的有关政策，甚至上升至国家战略。无论是主流媒体，还是地方媒体，都在积极参与媒体融合一体化，寻求媒体的新模型和全新运营方法，各种形式的媒体也开始转向融合平台，突破纯广告，进入衍生行业。媒体深入融合发展之后，就产生了智能媒体，再加上 5G 技术的支持，实现了人和场所、人和万物的相连接，用户的基本场所可以被智能技术的融合所笼罩，让用户现实场所和虚拟场所的转换天衣无缝。

2. 5G+AI 技术深度赋能，助力媒体完成主体架构改造

媒体主体框架改造的过程，需要 5G+AI 技术的支持。过去所有的传统媒体行业中，电视非常仰仗途径和重视设备，但这些都给媒体融合一体化的发展造成阻碍，特别是电视媒体的融合发展进度，就严重受到技术标准异化、结构组织分化、业务工种细化的影响，电视媒体融合发展的未来趋势一定要改变基本框架，利用建立新技术平台，构造出新的标准。人工智能和 5G 技术的有机结合促进了电视媒体的过程改变和组织重组，在传媒行业也发挥了重要作用，既改变了媒体原有生态，又创造了更大的空间用于媒体融合的纵向发展，同时还是媒体创新发展、智慧转型的关键因素。无论是 4K/8K 超高清技术的大量普及，还是 XR、CR、MR、VR、AR 等虚拟场所的现实应用，这都需要 5G 技术的支持，现代出现的超高清照片和视频、无人机航拍、裸眼 3D 虚拟影片的制作、互动传感、多通道录制、监听和还音等技术，其核心技术都需要 5G 技术的帮助。例如移动采编环境和移动直播间超高清视频回传的问题，就是 5G 技术完美解决的，不仅解决了延时问题，还让电视新闻报道的场景更清晰，方便了用户和媒体间的互动交流，既把视觉化媒体通感体验效果加强，让用户享受精良电视节目的需求得到满足，还把用户的视听享受提高了一个等级，速度更快、更引人入胜、更方便。5G+AI 技术给予传媒行业新的内容产出方法，提高了超高清内容的效果、远程制作效率，以及产出速度，实现了新闻节目的平稳收集和实时播报，出现了更优秀的技术来完成 3D 视频产出，逐渐形成了人机互动、人人互动的生态局面。

3. 智能媒体助力灾害救治，积极探索社会治理新模式

党的十九届四中全会提出：“建立健全运用互联网、大数据、人工智能等技术手段进行行政管理的制度规则。推进数字政府建设，加强数据有序共享，依法保护个人信息。”近几年，智能媒体为灾难救援提供重要支撑，并在常态化管控下，通过数字化治理和智能化治理为我国在排查预警、有效追踪和控制、有序促进全社会复工复产等方面发挥了重大作用。在报道方面，

借助智能机器人抓取和提炼的线索，智能媒体能够对自然语言进行智能化处理，并通过知识定义、图谱构建、图谱应用、机器人技术等核心能力满足异地协同的新闻内容生产、分发与管理。同时，智能媒体基于上述能力上线数字化健康证明、互助信息、求助地图等功能，为民众提供权威信息，典型代表如新浪新闻利用 AI 技术整合《人民日报》、新华社等权威媒体的内容进行内容聚合分发、帮助用户及时了解实时动态。

在灾难救援方面，智能媒体的赋能不仅提高了新闻报道的实时性、权威性，也为现场救援提供了图像参考，典型案例如澎湃新闻于 2020 年 3 月 31 日发布的可视化报道《动画丨西昌火灾致 19 人遇难，中国森林火灾是个啥情况?》，该报道以西昌森林火灾为出发点，结合中国气象局监测数据、GPS 全球定位系统、应急管理部火灾防治管理司网站数据等制作了 1949—2019 年中国森林火灾情况与原因新闻视频。在一些重大灾难新闻报道中（如气象灾害报道和预警、地质灾害报道和救治、城市交通状况播报等），部分新闻生产内容由传感器和云计算等数字技术平台进行辅助，能够更加科学、高效、精准地发现并解决问题，不但契合了数字化社会转型的需求，也为智能媒体本身的发展带来了更多的可能性。

4. 智能媒体融入文旅生活，创造经济巨大想象空间

中共中央办公厅、国务院办公厅在 2020 年印发了《关于加快推进媒体深度融合发展的意见》，该意见指出："要发挥市场机制作用，增强主流媒体的市场竞争意识和能力，探索建立'新闻+政务服务商务'的运营模式，创新媒体投融资政策，增强自我造血机能。"这个运行模式的启动，使智能媒体针对会议和展览、展销会和交易会、博览会等领域迅速地落实智能媒体的产品和解决方法。第一，智能媒体通过 5G、大数据、云计算机、量子计算、人工智能、物联网、区块链、VR/AR/MR 等新技术支持传统文化项目，让用户的体验更加丰富多彩，制造出互动、沉浸、开放共有的智能活动，如央视网的"云上音乐厅"可以让使用者不用出门就可以感受中国交响乐带来的震

撼；北京人民艺术剧院通过9小时的不间断线上直播和8K录制话剧《茶馆》给观众带来了精彩的话剧演出。第二，智能编辑和智能拆条、智能翻译和智能创作等支持，使行业传播的内容在生产过程和生产形式上都能够得到创新，加强媒体内容的优质生产，填补在文化、旅游、会展行业中二次传播的不足之处。如新华智云“云上新闻中心”利用智能技术将各个地方的直播素材和演讲者的素材集合在一起，通过AI媒体对这些素材的内容进行语音识别、脸部识别和画面识别等，使用25款“媒体机器人”协助内容工作者将素材进行挑选、打包、生成，然后开始第二次传播，以此来提高传播效率，达到理想的结果。第三，通过虚拟导游和虚拟数字人、AI主播和智能机器人，还有智慧大屏等智能媒体技术，整合三维场景、Flash交互和视频流等技术，为在线下参观、旅游、展览提供新的“玩法”，并进行深层次的互动和沟通交流，让它变成传统文化的守护者和传承者。例如，在2020年春节时期，北京厂甸庙会举办了一场全国庙会，这是全国第一次举办这种全国性的庙会活动，开创了全国庙会的先河，该庙会主要是把传统文化和“元宇宙”技能相互融合，使用户可以在以现实构造为基础的虚拟环境里参加“比手速·吹糖人”“猜灯谜·云探店铺”“看烟火·迎吉祥”“游非遗·买年货”等多种项目，智慧媒体的运用使人们的生活方式更加多姿多彩。

5. 智能音频拓展应用场景，构建心灵交互“共鸣箱”

基于语音识别与自然语言处理技术的智能音箱已经成为互联网时期信息吸收的大门，它占据了许多碎片化的情境，努力在人和机器的交互过程中给音频使用者提供更多优质化、个性化的内容。声音与其他传播工具相比，拥有随身性、隐秘性的优点，所以人工智能和音响的结合既把眼前的介质优势放大，同时还具有独特性、交换性、隐私性等智能传输的优点，使音频的使用场景得到了大幅的提升和扩展。在《理解媒介：论人的延伸》中麦克卢汉认为媒介就是信息，他认为：“任何媒介（即人的任何延伸）对个人和社会的任何影响，都是由于新的尺度产生的；我们的任何一种延伸（或任何一种新的技术），都要在我们的事务中引进一种新的尺度。”智能媒体把人和物体都进行了数字化重组，使人们在对智能设备的依赖上与之前相比大不相同，一定形势下也挑战了传统的内容和方式，如智能音箱的使用频次需要依靠很多优质音频内容。AI 技术的进步正在加速音频内容的创作效率及内容分发效率，为用户在不同场景下提供更加多元的内容，满足用户的不同需求。2023 年，ChatGPT 技术横空出世，有了 AIGC 技术的赋能，在线音频平台在内容生产、用户交互、虚拟主播打造等方面也迎来更广阔的创新发展空间，例如新华社把客户端 4.0 版本作为试验，在智能语音交流助手里增加了“小新”这一功能，每次的版本更新都会让语音交流功能得到进一步提升，智能语音系统通过使用者的碎片时间，完成社会活动的随身性传输，同时不断扩大智能音频在场景运用的空间。

二、中国智能媒体发展的实践范式与战略路向

（一）中央级主流媒体建构智能媒体生态范式

1. 中央广播电视总台“5G+4K/8K+AI”的生态战略布局

中央广播电视总台也开始部署“AI+”的传播生态格局，每个业务组织都开展了智能技术改造活动，全面推动格局的形成。我国第一个国家级的 5G 新媒体平台就是“央视频”，正式投入使用的时间是 2019 年 11 月 20 日，该平台的研发者是中央广播电视总台。该平台是综合视听新媒体的领跑者，运用了“5G+4K/8K+AI”等新技术，它的出现标志着中央广播电视总台的媒体融合跨出了重要的一步。2019 年 12 月 25 日，中央广播电视总台央视网的“人工智能编辑部”正式运行，还公布了一系列的创新产品，形成了“5G+4K/8K+AI”的全新技术标准平台。同时中央广播电视总台的台长还主张借助创建“人工智能编辑部”的机会，在新闻的收集、生产、分发、接收、反馈上都使用 AI 技术，全力把中央广播电视总台建设成具有“智造”特色的产品研发基地。中央广播电视总台一直推动媒体融

合的纵向深度发展，坚持攻破核心技术，展现自己作为国家级视音频媒体的地位优势，让“央视频”成为主要舆论的领导者、重要价值观的宣传者、主要媒体转型的指引者，大力推进具有重要价值的创新性进步和创造性改变。

中央广播电视总台转播层面积极探索利用智能技术。例如2019年庆祝中华人民共和国成立70周年阅兵式，中央广播电视总台利用人工智能导播和剪辑，自动把不同方队产出了不同的视频内容，让观众有选择性地收看，丰富了用户的视听体验。2022年北京冬季奥运会，中央广播电视总台使用了自行研制的超高速4K轨道摄像机系统“猎豹”、鱼竿摄像机、锥桶摄像机等高科技特种设备进行赛事的转播，让观众耳目一新。短道速滑决赛的摄影使用了“飞猫”，包括3台8K+VR摄像头和40台4K超高清摄影机阵列，能覆盖全部的角度，技术的创新升级提高了用户的视听体验。2022年第22届世界杯足球赛，央视频获得FIFA的独家授权，凭借自身的竖屏制作技能，发布了“竖屏世界杯”，让观众的观赛窗口更多元，观赛体验更具沉浸感。为了保证央视频的可视性，“竖屏世界杯”的制作技术将视音频技术和人工智能结合，在用户智能交互、AI横竖屏剪辑产出、竖屏画面处理、追踪拍摄对象上，利用了很多AI技术，让用户体验从“单向观看”转向“双向互动”。

中央广播电视总台将智能技术运用于慢直播层面。在齐全的5G基站建设以及高速稳固的网络传输信号基础上，央视频慢直播了雷神山医院和火神山医院全部的建设过程，顺畅高清的直播画面，让中国亿万网民成功化身“云监工”，发挥监督作用，同时为抗疫一线工作人员摇旗呐喊。雷神山医院和火神山医院的“云监工”引起了网友的讨论和围观，代表新媒体在关键时刻有着传播主要价值观、引领社会舆论的作用。2020年4月14日，央视频和中国电信合作，在海拔5 000米对珠穆朗玛峰进行了慢直播，该节目带领众多网友通过VR视角欣赏珠穆朗玛峰的美景。在云端和5G的有机融合下，网友们可以足不出户就看遍珠穆朗玛峰的壮丽景象。

2. 新华社建设“媒体大脑”模式

新华社的核心竞争力已经成功更新换代，现在的关键技术是“AI合成主播”和“媒体大脑”，强力支持新华社进行全媒化、智能化的媒体建设，促进媒体融合的快速发展，推动传统业务的转型升级。最近几年的重要新闻事件报道，能明显看到新华社作为主流媒体承担的责任。关于新华社“AI合成主播”技术，全球第一个“AI合成主播”于2019年诞生，由新华社开发推出，其语音播报时的神情举动、发音腔调等非常像真人，“AI合成主播”正式发挥播报职责是在同年的全国“两会”上，第一时间把党和国家的声音传给用户。新华社在2020年又发布了全球第一个3D形式的“AI合成主播”——“小艾”，“小艾”能按照“两会”的进度，正确、简要、客观、实时地报道，成功让“AI合成主播”展现真人主播的播报方式。2021年，新华社和搜狗合作，一起推出了“AI主播超市”，用户可以选择自己喜欢的主播，及时掌握全球热点问题。2022年北京冬季奥运会期间，新华社甚至推出数字航天员“小诤”和特约记者“冬冬”。“小诤”利用实时高保真数字人技术，在太空到地球的多种虚实结合的数字环境里，多样化报道深空探测工程、载人航天工程。除此之外，新华社还自觉研制了“新闻雷达”——一个微信小程序，既可以实时追踪热点话题，还会参考话题的规模和性质，预测话题的热度，在媒体报道的实效性上占据领跑者地位。

关于新华社的“媒体大脑”AI平台，该平台是利用无人机、摄像头、传感器等智能设备进行信息收集，再利用相关数据产出数据新闻。由于应用了AI和数字技术，新闻收集和分发出现了全新方式，智能化编辑部的多元分发、N次加工、一次收集，速度、质量、效率都得到提升，关键操作的升级实现了利用智能化系统和集约化无缝对接生产新闻的目标，完成了在线新闻生产最后一步的战略任务。很多重要事件的报道都使用了“媒体大脑”技术，例如2018年的全国“两会”，“媒体大脑”生产发布了全球第一条和“两会”有关的MGC报道，即

《2018两会MGC舆情热点》，该技术只用了15秒时间，就从足足5亿的网页中寻找到“两会”的热点话题，并产出新闻报道，既节省了大量的时间和人力，也解决了快速报道的难题。2019年的全国“两会”期间，“媒体大脑”推出了专门的节目，给用户详细讲解了政府最近六年工作内容和未来方向的相同和差异，让展示的主动权和内容的生产权从人转向机器；该节目成功的基础是“媒体大脑”对最近六年的《政府工作报告》进行了汇集和智能解析。新华社在“媒体大脑”技术的支持下，第一次在媒体领域建立人大代表智能化数据的应用平台——“飞识”，该平台一旦检测到人大代表图像，就自动搜索新华社以往的新闻内容等，在人脸识别技术的强力支撑下，发布了H5互动产品。在2021年全国“两会”开始的前一天，新华社宣布新的访谈方式，即5G沉浸式多地跨屏访谈，有很多新技术的支持，让演播室等比例展现代表委员的考察环境及工作场所，真跨屏、全实景有利于观众沉浸在代表委员的故事和经历中。在此之后，新华社又推出了“2022年全国两会融屏访谈”，灵活使用了XR（扩展现实）和虚拟演播室等新技术，让主持人可以在中国的空间站里开始访谈，与人大代表王亚平的谈话实现零距离、无障碍，给用户一种“时空交错”的感觉，使用户沉迷其中。智能化编辑部历经了“同屏”“跨屏”“融屏”，技术的每一次升级，都鞭策主流媒体坚持创新，带来更震撼的新闻报道。

3. 人民日报社打造AI编辑部3.0版

2019年9月，人民日报社联合百度正式成立人工智能媒体实验室，将百度大脑的核心能力和《人民日报》的舆论风向标作用相结合，为《人民日报》打造一个智能化“编辑团队”，辅助媒体的新闻生产，提升编辑的生产效率，并在未来将实验室的相应技术能力整合到媒体服务平台，将服务提供给全国媒体。2022年，人民日报社技术部深挖一线采编需求，以构建全媒体新闻生产新生态为目标推出AI编辑部3.0版，强化了内容生产的智能化、云端化、移动化、轻量化，推出AI编辑部移动版、事实核查、5G全媒体生产、视频加密暗水印、热点汇聚、智能会议纪要、一键生成视频、播报数字人等八大新功能，全面优化新媒体作品生产设计流程，深度赋能报社全媒体两会报道，不断构建传媒产业新生态。

在实践应用方面，人民日报社联合科大讯飞，推出AI合成主播“果果”，利用语音合成、人脸识别、人脸建模、图像合成、机器翻译等多项人工智能，生产多语种新闻报道，在“人民智播报”微信公众号上，每日早晨7点“果果”都会准时为观众播报国内外热点事件。在近几年的全国“两会”中，《人民日报》新媒体5G+AR采访眼镜成了信息智能采集的有效手段。5G+AR采访眼镜可帮助一线记者在会场实时了解人物信息资料，还可以第一视角进行现场直播。记者只需手势或语音控制即可完成视频录制、拍照、直播等工作。同时，拍摄时还能与后方编辑实现屏幕共享、实时互动。

为庆祝中华人民共和国成立70周年，《人民日报》新媒体拍摄微电影《70年，我是主角》，其中通过视频换脸技术，每个用户都可以成为电影主角，产品的背后是机器深度学习、人脸识别技术的探索运用。人民网还搭建了智慧党建体验中心·气味王国体验馆：依托“数字气味词典”，搭配脖戴式数字气味播放器，还原红色影片中经典场景的气味，帮助党建工作者利用科技力量实现新时代党建的数字化、智慧化转型。

（二）地方媒体开展多元智能传播实践

近几年，地方电视台也加快了布局“5G+”战略。以5G+4K/8K为方向的超高清视频产业基地“中国（成都）超高清创新应用产业基地”落户成都影视硅谷，四川还发布了5G+4K/8K超高清技术白皮书。安徽广播电视台联合华为、中兴、中国电信、中国移动等公司为5G+4K融合发展战略提速，开创5G+智慧广电+智慧旅游+超高清视频融合发展新格局。封面传媒于2020年1月11日在北京正式发布“智媒云”3.0版本，宣布“智媒云”完成新一轮迭代。据报道，未来随着5G时代新兴技术的广泛应用，“智媒云”系统还将通过与周边智能系统的持续对接、打通，进一步拓展互联网综合信息业务能力，成为社会治理、城市管理智能体系中，面向 C 端的主要传播平台和交互平台。暨南大学与南方报业传媒集团共同联合发起“未来媒体研究院”；江苏智能媒体产业研究院，打造一个产、学、研、用“四维一体”的开放型研发平台。2020 年 1 月，AI+5G 虚拟主播“小晴”在哈尔滨“两会”首秀，哈尔滨日报报业集团牵手科大讯飞，赋能媒体智慧转型。2021 年 10 月湖南卫视推出的数字虚拟主持人“小漾”，在综艺舞台上与明星主持人、嘉宾相互交流，表情变化自然，形象青春靓丽，为用户带来了沉浸式的体验。北京广播电视台推出的“时间小妮”，能够提供新闻播报、讲解知识、交互问答、客户服务等多种智能媒体服务。

（三）市场化平台型媒体的智能发展

快手推出云剪辑，推动视频制作在线化、数字化、智能化。用户在云端进行音视频创作可通过网页实现多人协同创作，另外还有 AI 辅助进行创作，并提供一键字幕、自动化模板、机器仿真配音等资源支撑。抖音的“蓝 V 生态计划”、快手的“光合计划”都在围绕用户的偏好，建立更加丰富立体的内容生态。

三、中国智能媒体发展的想象空间与未来趋势

（一）人机融合是未来智能媒体发展的趋势

新闻生产的未来框架将会有三种，即“用户生产+专业生产+机器人生产”，生产模式也将同时存在三种，即人机合一、人机协同、机器辅助。机器会负责收集新闻报道需要的数据和基本信息，专业的新闻记者和编辑负责判定新闻的价值，以及新闻的修饰、解析、讲解等各项工作。新闻行业的每个环节都受到了人工智能的冲击，先解体又重组，但技术的升级依赖人类，这就意味着人才是新闻行业的核心，尤其是重大报道的选题上，人的作用显而易见。未来新闻传播领域重要的研究之一就是如何建立优异的媒体协同示范效果，进入更高级别的人和人工智能的协同生产。比如广电传媒融合发展进程中，可以把

广电传媒的5G网络和卫星直播网、地面无线数字电视网、现存有线网等完美融合，从而建立协同立体的传输网络，大力支持融媒体传播，扩大现有广播电视频道的覆盖范围，对未来的5G频道建设提供更先进的技术支持，加强“新闻+政务服务商务”的多屏协同、一体融合，拓宽智慧广电传媒既个性又多样的公共服务，让新型媒体体系拥有现代化的治理能力和治理系统。未来将全面应用人工智能，人机协同会更加深入发展，用户的各种需求都能被准确捕捉，并在合适的智能化环境中得到有效的满足，带给用户沉浸式的感官体验。

（二）视听文化与网络直播是未来智能媒体发展的重点

新时代的主要信息消费形式是智能音频、在线直播、短视频的通感和沉浸式传播，传媒领域的产业结构的发展趋势呈现多元化。由于虚拟现实、大数据、人工智能等技术的推动作用，尤其是疫情期间，人们待在家中观看网络直播或短视频，它们具有便捷、虚拟、交互、真实的特征，让人们的依赖程度逐渐加深。新时代催生出了游戏植入、直播带货、付费内容等形式，改变了媒体的收益结构和商业模式。智能媒体的内容形式还有另外的特点，比如未来各视频平台都会十分关注“互动视频”，在视频交互技术的支持下，线上读书会、线上音乐节、线上课堂等形式会更加普遍。UGC建立的生活购物和娱乐平台会吸引更多的青少年，他们将展现自己的日常生活，该平台将成为青年亚文化重要的交流场所。

（三）坚持价值理性与工具理性的统一是未来智能媒体发展的主向

德国哲学家西奥多·阿多诺曾经在文化工业论中反驳了工具理性凌驾于价值理性的观点，不认同人的理性转变成工具化思维的理念。一旦人工智能到达一定的境界，那人类文明也会有新的高度，就会出现盲目推崇技术的现象。目前的智能媒体新闻生产活动中，技术主导内容的现象已经出现。未来的新闻行业在处理内容分发和生产时，必须坚持“主流算法”播报，在主流价值的指引下，利用情感计算、知识图谱、加强学习、处理自然语言等核心技术，快速突破限制，促进媒体认知智能的完善和升级。媒体可以利用主流算法追踪到用户的重点关注，推送相关内容后，通过算法和大数据等技术观测用户对此的态度和行动，方便及时更改推送战略，从而呈现更有人文关怀、社会意识的新闻，推动用户打破信息茧房效应。技术带领人们走向更高的层面，但必须时刻谨记以人为本，无论技术多么先进，都要以人文价值关怀为根本，只有这样才能让人工智能在新闻传播方面的发展做到纵向深入。

第二节 智能编辑部的技术体系

技术是编辑部升级改造的驱动力。技术系统改造之后，往往引领编辑部完成流程、机制等方面的再造。著者对新华社、BBC 等媒体的智能编辑部进行了调研，全流程智能化的智能编辑部的技术搭建有如下模块。

一、数据支持系统

在近年来的媒体融合探索进程中，媒体已经深刻认识到未来的媒体是数据媒体，未来的传媒竞争是数据博弈，并把数据系统的建设作为媒体转型建设的重点。新型主流媒体推行不同模式的大数据战略，例如《人民日报》采用“中央厨房+人民云大数据开放共享平台”；新华社采用“媒体大脑+大数据运营生态系统”；中央广播电视总台使用新媒体集成“遥控平台+数据中台”；浙江日报报业集团建立了“媒立方+大数据产业生态圈”。新型主流媒体的大数据战略不仅仅针对媒体自身，虽然涵盖了媒资库、媒体历史数据库、专家库等，但核心目标是“依托媒体建立起的大数据库，依托‘媒体+’形成的数据生产、聚集、运营和服务能力”。例如，浙江日报报业集团成立了浙报传媒互联网数据中心和大数据交易中心，基于大数据构建智慧服务平台，进入养老产业、电竞产业。

当然，智能化媒体的数据支持系统着重于对内支撑，主要用于支持媒体的新闻生产、传播与经营。智能化媒体的数据支持系统需要具备数据汇聚整合、数据提纯加工、数据服务可视化、数据价值变现等核心能力。数据汇聚整合能力是指数据支持系统能够汇聚用户生产内容、客户生产内容、各类政务新媒体与商业机构新媒体生产的内容，存储媒体自身生产的大量文字、图片、音视频等新闻业务数据，并能对这些数据进行分解、调取、整合、加工。数据提纯加工能力是指具备根据指定目标，对数据收集、存储、筛选、清洗、分析、计算、决策与预测的能力。数据服务可视化能力是指挖掘数据、分析数据、洞察数据，并提供丰富的图表组件以及场景模板，具备数据源对接能力，实现一站式可视化开发。数据价值变现能力是指具备利用数据获取商业价值的能力。

二、监测采集技术模块

在利用智能化技术协助编辑部进行网络信息监测方面，国内外媒体均应用较早，目前已经在大多数媒体普及，编辑部根据热点或数据寻找确定新闻线索，这些新闻线索对媒体新闻选题判断和议题设置有显著影响。新华社智能化编辑部利用“媒体大脑”摄像头新闻机器人和“鹰眼”智能监测系统，能够超早期记录突发事件、发现新闻热点；记者应用“现场云”移动采集系统和智能手机、AR 智能眼镜、智能录音笔等智能硬件随时发起现场新闻全息直播，并同步采集文字、图片、短视频等全媒体形态新闻素材。

三、智能化内容制作模块

在传统媒体编辑部，内容制作包括写稿、配图、剪辑视频、主播配音、后期合成等环节。目前人工智能已经可以使上述环节全部实现自动化生成。以新华社“媒体大脑”为例，“媒体大脑”是新华社自主研发的国内首个媒体人工智能平台，面向媒体机构提供“大数据+人工智能”的新闻生产、分发与监测服务。截至 2019 年 8 月，“媒体大脑”已经推出 25 款机器人，其中内容自动化生产的媒体机器人有17款，分别为智能会话机器人、字幕生成机器人、智能配音机器人、视频包装机器人、视频防抖机器人、虚拟主播机器人、数据新闻机器人、直播剪辑机器人、数据金融机器人、影视综快剪机器人、体育报道机器人、会议报道机器人、极速渲染机器人、用户画像机器人、虚拟广告机器人、一键转视频机器人、视频转GIF机器人等。这17款机器人可以实现一款视频作品从素材识别、剪辑到播出的全部自动化。《华盛顿邮报》则开发了100多款机器人，这些机器人在为新闻从业者提供工具方面更为出色，例如帮助问卷调查及提醒记者不要拖延时间。

四、智能化内容分发模块

智能化编辑部的内容分发具有跨平台的特点，无论是用户群体众多的平台媒体、社交媒体，还是媒体自建的新闻客户端等，都会收到分发的内容。因为不同渠道或平台的用户存在不同的特点，所以智能编辑部要采用适合平台的算法进行推送。从媒体实践角度出发，可以把智能化内容分发模块分成三类：一是媒体算法。媒体研发出适合自己的算法，从而向用户推送个性化的新闻内容，比如新华社已经实现新华社用户的个性化推送；《人民日报》客户端研发了适合主流媒体的算法。二是新闻资讯机器人。新闻资讯机器人App会根据用户的使用痕迹，不断追踪用户有兴趣的内容，为用户推送个性化的新闻内容。三是面向平台型媒体研发的机器人。这一类机器人了解每个平台的用户偏好和算法，可以帮助编辑部生产出该平台的热点或焦点，比如《纽约时报》的新闻机器人Blossom，它的工作是按照社交媒体平台用户的大众偏好，协助编辑部筛选新闻，自动搭配标题，经过人工审核后推送至社交媒体平台，所以Blossom被称为“社交媒体运营总监”。

五、智能化内容审核模块

由于大数据技术的加持，人工智能的智能化解析既可以应用在视频、文本，还可以应用在直播，有助于媒体准确迅速辨别各种场面是否出现违规内容，例如垃圾广告、违禁品、咒骂、色情、涉及政治等，降低内容危害。智能化内容审核模块可以动态跟踪违规后续环节，时刻监控舆论的方向。2019 年，中央广播电视总台推出“融媒智控云矩阵”，利用丰富的审核经验，构建出主流算法模块和信息知识图谱，导致该矩阵具有强大的算法和数据库，能帮助中央广播电视总台的“人工智能编辑部”快速完成审核工作，编辑部的传播流程基本建成“一体五智”的体系，即智能审核、智能运营、智能生产、智能收集、智能策划集中于一体。

六、智能化反馈分析模块

媒体的数据系统可以清晰记录用户的活动轨迹，例如转发、评论、点赞、浏览等，智能化反馈分析模块可以把新闻传播路径解析、内容传播效果评价、用户数据解析等反馈给编辑部。媒体的反馈也一直在升级创新，像《华盛顿邮报》开发出了“病毒传播神谕”工具，专门预测播报效果，这个软件可以随时监测新闻，报道发布 30 分钟，就可以预知效果是否超过病毒式传播的阈值，并把结果传递给编辑部；而新华社则利用区块链技术和智能版权评价系统，准确评估传播效果。

智能编辑部的技术体系完成了界面、中台、后台的智能化任务。编辑部常常使用界面，所以添加了采编系统，能进行策、采、编、发。采编人员和数据支持系统的对话窗口就是前端界面，按照编辑部新闻工作的场景，采编人员能灵活使用内容分发工具、运营工具、内容制作工具、信息收集工具。对图像以及语音进行识别、对语义进行理解等都是中台在人工智能方面所提供的基础服务，中台具有支持数据采集及处理、智能决策和音视频系统等功能。中台会将用户在媒体中所产生的行为和业务数据进行整合，生成了较为准确的用户画像，个人用户的能力和偏好、消费兴趣以及人口统计学的特征都会包含其中，用户画像的数据主要运用在企业的财政、运营、流通以及生产等方面。将计算平台作为后台，对服务器和引擎这些基础设施进行维护并运行。

数据服务一体化在智能编辑部门的技术体系中是最核心的部分，将传统中自行管理的数据以及独立运行的业务进行整合并统一调用和存储，人工无法完成的任务通过智能化的前台工具来实现，让编辑部的分发以及生产更加顺利。

第三节　智能编辑部的生产流程

一、人机协同的全媒体新闻生产流程

技术发展使采编流程再造成为可能，也成为必需。人工智能全线条布局新闻生产与传播，在智能编辑部形成了新闻信息智能化策划调度、一次性采集、多元生成、多平台传播、实时反馈的模式。智能编辑部的新闻生产流程也因此重塑。智能编辑部的新闻生产形成了人机协同的全媒体新闻生产流程。人机协同的全媒体新闻生产流程有以下特点：

第一，融媒体新闻中心承担总指挥、总调动。融媒体新闻中心，也叫作中央编辑室，是智能编辑部的引导核心，是全媒体新闻信息生成的核心中枢，也是各部门调节、调动、监控的平台。在融媒体新闻中心，来自于线下传统媒体、社交媒体端点以及移动 App 等差别性终端的负责人联席指挥调度。负责人在线索库以及选题库中浏览挑选关键选题，并且根据全媒体智能编辑系统中出现的记者所在方位、装备状况下发任务，制作成功的作品再储存在全媒体智能编辑系统里，等待不同的终端处理成功后，融媒体新闻中心再依照其传播成效等整体指标进行评估反馈。当天关键选题、阶段性选题规划以及重要报道计划也通过融媒体新闻中心进行总指挥、总调动。作为指挥核心以及技术模板的融媒体新闻中心调度应用权限最高。

第二，人机协同实施新闻动态监测。新闻动态监测是新闻组织取得新闻内容来维持不断的新闻生产能力的重点。传统媒

体时代的新闻媒体将记者采访回来的新闻线索和素材当作主要内容。智能编辑部中，新闻来源具备多元化。信息源头重点来自三个方面：第一个来源是记者采访。记者进行面对面采访，凭借记者的新闻敏感进行采访得到的新闻事实依然是最关键的信息源头。第二个来源是数据。根据多种公开或者非公开的数据实施挖掘，获得的新闻线索和新闻实情是关键信息源。数据挖掘不但可以是数据解析师人工挖掘，还可以是机器人全网捕获并且处理。第三个来源是社交媒体热点。舆情监测系统依据各种各样的社交媒体用户浏览量以及评论等数据，对热门新闻实施排序，采集热门事件相关新闻要素，并把线索提供给编辑部。当前，社交媒体热门监测系统在各大新闻媒体大面积普及，一部分媒体选择自己的热门数据检测系统，另一部分媒体选择第三方技术企业供应的数据监测系统。除此之外，伴随着传感器的运用，智能编辑部增添了“感知引擎”。“感知引擎”收集的信息传送到智能编辑部，通过数据解析处理，也能够产生新闻线索并进入新闻线索库。

第三，人工协同实现新闻稿件的编写。自动化编写是目前比较完善的智能化技术，2015 年开始，自动化编写大面积地在编辑部运用。在传统媒体编辑部里，新闻稿件是通过记者来实现，在智能编辑部里，每日的新闻稿件划分为两个部分，第一个部分来源于记者，第二个部分来源于机器人的自动化编写。在新闻稿件编写这个步骤，智能编辑部中人机协同形式特别灵活。一方面，机器人依照人们事先计划的程序与模块实施自动化新闻的编写，比如《纽约时报》中时政新闻机器人可以用时政记者普遍的风格进行稿件书写；另一方面，记者也会运用机器人供应的材料或其他服务完成难度较大的新闻作品，比如通过训练的算法可以通过指定的文字形式分析大批文件，以此来确定哪部分内容能够为记者提供采访线索。

第四，人机协同完成多媒体作品的筛选把关与编辑制作。这一环节的重点是多媒体报道的人机协同。因为不同终端的内容均在智能编辑部完成，采编平台汇聚了图片、文字、视频、

H5、数据新闻、VR 新闻、移动直播等各种不同媒体形态的内容。如何在采编平台完成不同媒体形态的内容制作，并按不同时间、不同平台特性分发，这给编辑部带来了巨大挑战。在前方采访环节，全媒体新闻记者能一次性采集图文、视频，能即刻完成移动直播。在编辑环节，编辑部则采取了按终端设置不同编辑室的方式，完成图文、视频、移动 App、社交媒体账号等多终端多媒体形态内容的编辑。为了能适应融合报道对叙事技术的要求，编辑部采取了内容、设计、技术、数据分析人员共同组队的模式，程序员、工程师进编辑部。例如《华盛顿邮报》新闻编辑室在 2015 年时已经有 47 名工程师与记者编辑一同工作。《人民日报》中央厨房的可视化编辑等技术人员也达到了 80 多位。

如何按不同时间、不同平台特性筛选推荐新闻？智能编辑部采取了人机协同模式。《纽时时报》数字部门的科学团队研发的机器人 Blossomblot，是基于协作工具 Slack 软件上的一个虚拟智能机器人，基于像 Facebook 这样的社交平台上所推送的海量文章进行大数据分析，它能够预测哪些内容更具有社交推广效应，以及帮助编辑挑选出适合推送的文章和内容，通过机器学习甚至可以独立制定标题、摘要文案、配图等。Blossomblot 的角色相当于内容运营。而编务等琐碎性工作也在技术的帮助下智能化，BBC 的机器人 Juicer 的任务是把海量的数据，包括每日的新闻、视频、其他媒体的消息、互联网信息等，用联想的智慧方式连接起来，方便调用，提高了编辑部的效率。我国中央广播电视总台采用视频识别技术帮助编辑做场记，提高了找素材的效率，为编辑节省了大量时间。

第五，智能分发和用户反馈。在内容分发与用户反馈环节，由于数据管理的庞大以及精准化的需求，智能化技术应用场景更多。除在移动 App 上使用智能算法外，一些媒体研发机器人用于用户评论区管理、用户数据分析和新闻分发等。智能分发系统会记录转载转引数据、用户评价数据、媒体传播数据、产品对比数据等用户新闻消费行为的相关数据，这些数据会作为传播效果再度反馈给融媒体新闻指挥中心，作为采编人员的绩效考核数据。而用户对新闻的传播效果数据也会传递回社交媒体热点数据库，用于新闻线索的筛选。智能化新闻生产由此实现闭环。

第六，智能化审核。事实上，在 App 等终端还设置了智能监测软件对用户及其他生产者生产的内容进行审核。智能审核技术不仅可以审核图文，也可以审核视频画面。色情、暴力等不良内容均能在智能审核环节被筛选掉。一些媒体客户端采取智能审核技术与人工审核协同的方式，由智能审核初选，再由人工审核对疑似作品进行复审。

二、全媒体新闻生产的协调机制

智能编辑部将新闻生产出来后，会通过多种多样的终端分发下去，较多的任务以及产品一起进行，对协调机制的要求就变高了。智能编辑部通过不断地发展，在以下几个方面已经形成了有效的协调机制：

第一，编前会制度由多个终端责任人联名组成。在媒体还处于传统阶段时，每一期报纸会在出版前由编前会来确定重要内容以及头条，要召开会议确定版面，会议主持一般要求是报社的主要领导人，编辑部以及各部门的负责人必须参加，他们在策划选题时，一般都是根据当时的社会热点以及最近的工作重点来确定的。媒体的运营总监以及集团领导是多媒体联席编前会的主要主持人，将分发终端的负责人召集起来召开编前会。很多地区编前会的召开是由广播、报纸、电视以及新媒体协助开展的，对当天报纸的内容进行通报，将新闻资源共享出来，一同来筹划当天的新闻选题。多个终端负责人的联席编前会制度在多家媒体得到应用，这种制度能够最大限度地保证重大新闻多个终端的共同联动，能够保证即使是不同的终端，新闻发布时间也是有规律的，以此来形成合力。

第二，对重大新闻的报道具有联动的机制。对于媒体来说，大型报道和重大主题报道是其某一个阶段的要点，随着媒体之间的竞争加剧，他们会为此使用各种方法，通过媒体的实践可以得知，他们将自己的策展功能在策划重大报道时充分地发挥出来，并且开始进行多方媒体联动。例如，2019 年全国“两会”期间，地方媒体佛山传媒集团因为资源有限，无法派人去北京“两会”会场，他们通过打通各种资源，比如“报、台、网、端、微、屏”等，利用广泛联动的方案来进行报道，从而取得很好的效果。为了提高新闻的生产效率，他们引入新华社的智能平台“媒体大脑”，利用智能的可视化产品；他们还和政务新媒体进行联动，在多个微信公众号中设置专栏，专门用来发布“两会”相关的新闻，逐渐引起了市民对“两会”热点话题的关注，并且还开办了联盟专栏，将与“两会”相关的新闻进行整合后集中展示，形成了合力报道的效果。

第三，移动优先机制。不管是在哪一媒体集团中，新闻的生产流程中尤为重要的环节就是利用何种方式进行跨平台分发。多终端分发主要包括屏、微、端、网、报等平台，目前媒体所采取的策略主要是移动优先机制。记者首先会把发生的新闻以最快的速度写成消息，交由编辑部门在 App 以及社交媒体多个终端中进行发布，同时编辑部门再对事件进行一定的评价和解读，再次发布在多个终端形成合力。需要注意的是，在进行移动优先发布时，拿移动端的用户来说，他们不可能是全媒体的用户，也无法同时在多个终端进行收听，为了让用户有更好的体验，不同终端所报道的内容一定要具有完整性，避免新闻的遗漏。

第四，采编与运营一体化机制。与用户建立连接的新闻生产理念使得媒体在近年来提出内容产品化的概念。很多媒体集团在移动客户端实行了采编与运营一体化机制，一些媒体的新闻 App 甚至提出不设立编辑岗位，所有编辑职位都转换为内容运营。一定意义上说，内容运营是媒体更为重视社交媒体分发、重视用户的一种战略性调整。新媒体的内容生产必须调整产品策略，经营好平台，构建内容、社区和服务的产品链，让用户和自己产生更多的情感交叉，或让内容对用户有实际用途，培养更加忠诚的粉丝用户。

第五，创新新闻作品的生产机制。随着互联网短视频、图文等媒介形态边界被用户淡化，融合新闻报道形成常态化，在重大主题报道、纪念日报道等大型新闻报道策划中，融合新闻被视为编辑部的精品进入常态策划。但是，数据新闻、VR 新闻、机器人新闻、无人机新闻等需要采用叙事技术来完成的报道往往需要研发。如何培育创新型作品呢？媒体采取了不同的模式。《人民日报》“中央厨房”启动“融媒体工作室”计划，打破现有部门设置，组建跨部门工作室。“中央厨房”作为融媒体工作室的孵化器，为编辑记者在内容创新方面提供推广运营、技术支持等服务。截至 2019 年 3 月，《人民日报》已有融媒体工作室 40 余个。2019 年“两会”期间，《人民日报》融媒体工作室创作推出的全部金融产品浏览量达 5 亿，被 500 余家媒体转载，多款产品被全网推送。长沙广播电视台利用其旗下国有控股的上市公司中广天择传媒股份有限公司占领短视频市场，2018 年成立中广天择 MCN，自主研发和制作了一系列新媒体账号和内容，在美妆、特效、情感、潮鞋、影评、知识等多个垂直领域布局，在全网三十多家平台开拓短视频业务。新华社等媒体则成立了融媒体研究院、融媒体实验室等研发团队开发创新型融合新闻作品。此外，一些媒体成立了创新型“工作室”组织，这是一个“跨职能团队”，来自不同领域的专业人员，打破组织内部横向界限，合作完成多样化融媒体报道任务。总体而言，创新型融合新闻报道主要是以灵活的创新型团队为基本行动单位。

第四节　智能编辑部的组织重构

媒体融合深化进程中，为适应新闻一次性采集、多种生产、全终端加工的新趋势，一些新闻机构进行了组织变革。智能编辑部为其赋能。本书将不同的媒体编辑部归纳为以下几种主要模式。

一、链式编辑中心制模式

链式编辑中心制模式指的是把不同终端编辑部当作中心，传统媒体编辑和新媒体编辑独自组织新闻生成，经过协调机制比如编辑室、融媒体指挥部以及联席会议等进行联动。具体来讲，每一个终端就像一条环绕其编辑部独自运转的链条，本书称为“链式编辑中心制”模式，美国国家公共广播电台以及《广州日报》等众多媒体都选择了这种形式。

整体来说，链式编辑中心制模式在组织框架方面设定了传统媒体编辑中心和新媒体编辑中心，在这两个编辑中心下面再依照终端差异设定差别的部门，比如，客户端部门、视频部门以及微博部门等，新闻生成环绕不同的部门产生独自运转的链条，记者向不同终端编辑部提供稿件，不同的终端编辑部依照终端传播规律进行稿件策划、生产、挑选、编辑以及发布。怎样保证不同链条之间的协调与形成合力，首先，整个媒体需具备一致的一体化生产过程与技术系统做支持，也就是编辑、记者与制作人员全部在一个编辑技术系统生成新闻，系统与过程确保了工作成效，降低了循环劳动的次数。其次，在生产过程中建立灵活的协调机制，能够确保平常报道的多终端联动以及重大报道集合计划的实施。

链式编辑中心制模式的优势总结为以下三点：

第一，集约化生产。链式编辑中心制模式可以一次性采集和多终端编辑发布，一次性采集新闻素材节约了记者采访的人力物力资源，规避了循环劳动与资源浪费，减少了新闻生产的成本。

第二，差别的终端容易提升专业化生产的能力。差别的终端具有不同的传播性质，编辑属于某个终端，容易掌握平台的属性、了解运营的规律，容易成为专家型编辑，还有助于媒体专业化标准的提升。

第三，媒体从业人员容易转型，符合正常运作的形式。链式编辑中心制模式可以保证媒体机构新闻生产的正常运作，也可以保证重大报道调动优势，尤其是规避了媒体从业人员转型艰难的现实困惑。在之前的实践生活中，一部分媒体在组织重组的同时，产生了新的框架，可是针对从业人员的要求较高，从而使得一部分媒体如同跨终端的“陀螺”，在不同终端里穿行，完成报纸再完成抖音视频，对专业化生产形成不利影响，编辑也感到难以胜任。

二、“中央厨房”模式

在传媒领域中，“中央厨房”模式是一种新型的模式，是集结媒体策划、编辑、采访和发布于一身的多媒体整体平台，既包含传统媒体与新型媒体结合的技术平台，还包含一种组织框架。“中央厨房”模式中，“中央厨房”作为独立的部门或独立的公司，提供核心技术的支持保障。

以人民日报社“中央厨房”模式为例，2014 年 8 月，《人民日报》中央厨房正式立项。一年的建设工期，从 2015 年全国“两会”报道开始，《人民日报》就开始试行“中央厨房”工作机制，在领导人高访、纪念中国人民抗日战争暨世界反法西斯战争胜利 70 周年大阅兵、中国杭州 G20 峰会、“一带一路”国际合作高峰论坛等重大战役性报道中，“中央厨房”有效提升了《人民日报》的网络传播力和国际影响力。在《人民日报》“中央厨房”的内涵、外延、流程以及具体细节都被重新设计。《人民日报》的“中央厨房”是一个完整的、体现整体融合的全方面的融合体系。它既包括全新的空间平台，还包括技术平台，也包括全新设计的组织架构。

“中央厨房”作为独立的技术公司建制和运营，嵌入整套协助新闻生产的技术体系，如移动助手、H5 助手、传播效果评估系统、新媒体内容发布管理系统、用户数据库等，同时配备可以协作进行内容生产的设计团队、技术团队，可以协同完成 H5 编码、可视化设计等。在日常工作中，人民日报社各个终端的采编人员可以进入开放式的“中央厨房”，在“中央厨房”中与技术团队、设计团队合作完成多种报道。全国“两会”等重大报道期间，人民日报社相关领导带领策划团队、各部门编辑入驻“中央厨房”，“中央厨房”作为融合报道指挥中心，集策划、编辑、设计、技术、运营功能于一体，协同作战。目前，“中央厨房”还采用融媒体工作室运作机制，人民日报社采编人员自行组建了 40 多个融媒体工作室，常态化入驻“中央厨房”。这些融媒体工作室出品了麻辣财经、正和岛等一批优质品牌栏目和优秀作品。

《人民日报》“中央厨房”打破了过去媒体板块分割的运作模式，专门设立总编调度中心，建立采编联动平台，统筹采访、编辑和技术力量，实现“一次采集、多元生成、多渠道传播”的工作格局。“中央厨房”模式的优势有两点：第一，工程师进入编辑部，解决了叙事技术人才短缺的难题。数据新闻、VR 新闻、无人机报道、H5 等融合新闻报道日益成为精品报道常态化形式。而原有新闻采编队伍往往长于内容，短于技术和设计，“中央厨房”配备技术和设计团队，有利于形成组合式的融合新闻报道团队，出产融合新闻精品。第二，技术团队共用，避免了重复建设。对于新闻机构，新媒体生产在数据库建设、技术系统、叙事工程师等物力和人力方面都需花费高额成本，开放式“中央厨房”对于终端众多、人员较多的媒体来说非常适宜，避免了媒体集团内部各设置一套机构造成的人力物力浪费。

三、移动 App 反向融合模式

将移动客户端作为主体，然后逆向地融入传统媒体的编辑部中，这是解放日报社上观新闻和上海报业集团澎湃新闻所提出的全新的融合模式。在 2014 年时，《东方早报》的澎湃 App 开始上线，他们将发展模式定为融合式发展，澎湃新闻和《东方早报》的部门是相互打通的，两个平台中的人员是一样的，只是把要闻编辑部独立了出来，因此澎湃新闻和《东方早报》的记者都是同一批人，并且二者在新闻理念以及文化风格上都保持着高度的统一。解放日报社推出了上观新闻的 App 来供客户阅读，报社在 2015 年开始整体向媒体融合转型，工作人员也一并调岗到上观新闻，“频道制”取代了“部门制”，除了专副刊、新闻以及要闻这三个编辑部保留了下来，其他的部门都进行了整合，组建起财经、城事以及政情等九大频道，设立了多个新媒体部门来进行配套的支持。不管是上观新闻还是澎湃新闻，它们将整体的组织结构都转变为智能化平台，并且取得良好的效益。

整体数字化的转型是移动 App 反向融合模式最突出的优势，将媒体融合贯彻到底对从业人员互联网思维的培养更有利，也让媒体转变为互联网的程度越来越高。

四、“五智”模式

智能策划、采集、生产、审核以及运营被称为“五智”。人机之间共同协助的五智团队，组成独立的核心部门，这一模式被称为“五智”模式。在 2019 年年末，央视网的“人工智能编辑部”利用“五智”对采编的流程进行了生产区域的划分，让新闻产品的一体化智能生产得到了实现。在一些智能化的生产试验区，是非常适合应用“五智”模式的，它能够对一些重大的报道或者智能化的项目进行驱动式的试验。用长远的目光来看，受智能传播环境的影响，“五智”模式终将会在新闻中得以实现，同时它也会在正常运作的采编部门中进行嵌入重组。郭全中提出，中央广播电视总台的“人工智能编辑部”项目除了自身的成功转型外，也联合了其他各方的力量，除了面向行业输出 AI 工具包技术服务，搭建开放服务平台，还要携手社会各方力量建设“媒体+AI 生态共同体”，来将“五智”模式更加广泛地进行扩展。

第五节　智能编辑部的人才

人工智能等新一代信息技术正在加速释放新闻业发展的新动能。随着智能传播向纵深发展，新闻业的人才队伍建设也变得紧迫。

一、智能编辑部的人才配置

按照智能化采编流程，智能编辑部的人才结构比传统媒体更为复杂，一些岗位突破了传统媒体的工种。在智能编辑部，需要有一支能够人机协同的“策、采、编、发”融媒体采编队伍。除了传统的采编人员的职业能力以外，这支队伍还需要有处理代码的能力，有人机协同的能力，有数据处理的能力和与用户互动的能力。在一个智能编辑部里，除传统岗位之外往往还需配置以下岗位：

（1）全媒体记者。全媒体记者是指集采、写、摄、录、编和网络技能运用等多种能力于一身的全能型记者。新华社为记者先后配备了5G手机、5G背包、智能AR直播眼镜、智能录音笔等硬件装备，并将这些装备成功应用到全国“两会”、“一带一路”国际合作高峰论坛、世界园艺博览会等重大报道中。

（2）用户增长编辑。用户增长编辑是指能深度理解用户、分析用户、运营用户的编辑。面向内容分发平台传播，编辑部面对的是不同平台上的内容生产者。用户增长编辑的日常任务是提供用户分析数据、制定用户运营战略规划、管理用户。如《华尔街日报》使用用户数据来配置新闻报道资源，做新闻报道决策，在数据战略部的协助下，每日跟踪40多种不同的数据，生产数十种报告，分享众多关于日报新闻的数据，跟踪社交媒体对日报内容的分享和传播。依据用户数据制定新闻决策，用户能获得更好的体验，从而形成良性反馈。

（3）人机互动编辑。人机互动编辑的任务是与智能技术工程师配合，引导工程师设计研发适合新闻生产的工具、程序。智能化编辑部的建设是在媒体智能传播环境中，利用大数据、云计算、人工智能等技术实现人机交互和人机协作，把采编人员从简单劳动中解放出来，释放媒体生产力，提高新闻生产效率，以生产更多优质新闻。在以往的实践中，由于文理分科，复合型人才稀缺，工程师不懂新闻，新闻编辑不懂技术，沟通困难，符合行业需要的智能化程序和工具需要协作完成。因此，在一定意义上，培养具有人机协同理念，会用智能化技术的复合型人才是当务之急。

（4）技术、设计类工程师和智能技术工程师。人工智能助力编辑部需要不断开发小程序，并能训练机器人创作更多作品。除此之外，新媒体设计师、数据分析师、叙事技术工程师等各类技术、设计人才也是智能编辑部的必备人才。

二、智能传播环境下的新闻队伍建设

由于互联网技术和人工智能的渗透，新闻业发生着深刻的变化，生态格局、传播方式、生产方式、用户等均已发生改变，按照传统传播阶段的新闻生产方式储备的媒体人才队伍难以和智能传播环境适配。“智能+”背景下，媒体加速向智能媒体转向，建设一支复合型、创新型的智能媒体人才队伍是当务之急。

智能媒体的新闻队伍应具备以下能力，形成多圈层的能力结构。

（一）专业化的新闻生产能力

不断发展的人机协同理念，记者的智能是否会被机器人所替代。在新闻业中，人工智能和人之间的关系更侧重于合作而不是竞争，这一观点已经成为共识，新闻业需要人工智能的助力，这样新闻机构在对新闻进行生产时的能力才能得到有效地提升，受智能传播大环境的影响，面对未来的发展，新闻生产必须具备更加专业的能力。也就是在人机协作时，媒体对智能化技术要多加以利用，这样才能够有更多专业的新闻报道产生，对于智能媒体来说，专业化的竞争力更强。

（二）数据分析处理能力

对于智能媒体来说，最核心的特征就是数据化。新闻队伍中将数据人才分为三类：一是能够分析以及规划智能媒体数据库和数据中台的人，被称为数据分析专家。二是对用户数据、内容的审核数据以及新闻动态的监测数据进行分析后并且能够出具详细分析报告的人，也就是数据分析师。三是让数据变为可视化并且对数据进行挖掘的采编人员，他们会对数据进行分析处理，然后完成相应的数据新闻。

（三）叙事技术运用能力

融合新闻的产生，完全是因为叙事技术的变革，用户对VR、数据新闻、视频互动、H5以及无人机报道等融合新闻很感兴趣，采编人员在对新闻进行报道时，要更注重叙事技术，并且利用技术来讲新闻故事。在编辑部中，各种融合新闻已经屡见不鲜，对于新闻从业者来说，融合新闻的叙事应用能力已然成了有力的常规武器。

（四）智能技术使用能力

在智能编辑部中，很多的智能化工具上线了，这些工具涉及多个方面，比如在数据的可视化、对内容进行审核、新闻采集以及识别图像等方面都会有所涉及。在面对这些工具时，从业者要学会使用，新闻的传播与生产的完成离不开人机协同。在智能技术工程师进行开发时，还需要编辑部的人员参与进来，这样才能够开发出更实用的智能化工具。

（五）用户运营能力

新闻的生产要以用户为核心，需要对用户进行分析、管理、转化、识别、调查、画像以及交互。因此智能媒体对人才的要求也要提高，亟需懂新闻生产传播、数据、用户、技术以及经营等全方位的人才。能够对用户进行运营，才是未来智能媒体所需要的高级人才。

智能媒体怎样才能将人才培养得更适应当下的智能环境以及能够更熟练地应用新技术，并且能够组建更加完善的新闻队伍呢？以下通过对目前的形势进行分析，来选择更加全面的解决方案。

第一，培养院校专业人才。在新闻业不断发展的影响下，不管是新闻传播的教育还是技术，都在不断地寻求突破。近几年来，很多的传播学院校都在对教学进行调整，如加州大学伯克利分校传播系、西北大学梅迪尔新闻学院、哥伦比亚大学新闻学院、中国传媒大学和中国人民大学，由此看来，这一次的变革是全球性的。院校在对人才进行培养时，注重培养扎实的理论基础和拓宽视野，为未来的智能媒体储备人才。

第二，培养文理兼容人才。在对实验性的团队进行组建时，要考虑文理兼容。要想更好地解决短期内的人才缺失，可以借鉴一些外媒的成功经验，在较短的时间内组建出文理兼容的工作室或者是实验室，补齐技术团队的短板。

第三，培养智能产品项目经理。产品项目经理在产品的制作中要做到对内部和外部媒体的资源进行整合，不管是外部的技术资源还是内部的生产资源都需要兼顾，用丰富的经验让智能媒体快速上线并运营。

第七章　问题、挑战与展望

第一节　“算法”争议

人工智能已经赋能新闻业的整个产业链，并给新闻业生态带来颠覆性变化。在新闻业生态重构、组织转型、智能化生产等一系列创新中，我们也看到新闻业对人工智能带来的诸多问题而忧心忡忡：人工智能对新闻业的重塑冲击新闻业的格局和基本观念，对新闻业的影响有很多值得深度探讨的不确定性。在诸多问题之中，算法作为智能传播阶段的基本逻辑，备受争议。算法将过载的信息精准有效地传递给个体用户，革命性地改变了以用户为中心的新闻业的传播权力格局。

关于算法的批判较多集中于其对新闻公共性的冲击。2017年《人民日报》曾连续发表三篇评论批判算法，直指新闻遭算法“绑架”，这三篇评论被看作是传统媒体与算法的博弈：“一些客户端仅靠揣摩人们的点击量，反复推荐低质量内容，只能让人生厌。媒体不能一味依赖，成为算法和技术的奴隶。”评论中提及的“反复推荐低质量内容”实则指出了算法导致的新闻公共性失落的问题。从事互联网治理研究的学者方师师指出，算法推荐将在线内容的供需问题进行了简单化处理，单向迎合用户偏好。学者姜红以拉图尔的行动者网络理论为基础分析了算法，认为算法为迎合用户兴趣，仅突出了新闻价值中的趣味性要素，提出“算法作为非人类行动者，和人类的传播活动编织在一起成了新型的行动者网络，它挑战了传统新闻业的公共性”。

除了上述算法对新闻业公共性的消解的批评以外，算法还被认为存在下述问题：首先，算法偏见问题。张超从中介的角度分析了算法产生偏见的三个原因：算法设计者的偏见、输入数据的偏见和算法局限的偏见。其次，“信息茧房”和“过滤气泡”问题。这两个概念形象地批判了算法带来的个人信息选择窄化问题，“信息茧房”和“过滤气泡”会限制人们接触多元的话题或观点。最后，数字劳工问题。在传播政治经济学派关于数字劳动的讨论中，认为算法使得大量平台上的内容生产者沦为被驯化的数字劳工。“‘无酬劳工’（Free Labour）已经成为资本主义复杂劳动关系中的一种重要形式，而且提出这个概念是理解当代数字经济中‘新型的’或者是‘半新型的’劳动形式的核心分析工具。”与个体的数字劳工现象原理相同的是传统媒体与采纳算法的平台之间的利益博弈。传统媒体在平台上分发内容，付出了采访成本，但是收益不高，也造成了传统媒体与平台之间关系的对抗和紧张。

研究者认为算法诸多问题背后的动因是超级技术公司的技术垄断。超级内容分发平台通过算法对传统的传播权力格局进行了重构，以前在新闻生产和传播链中处于垄断性位置的新闻机构成为多元内容生产者中的一员，而作为商业技术公司的平台掌握平台新闻业的规则，带有重商主义性质的算法主导新闻生产，带来很多新问题。

作为智能传播阶段的底层技术，算法解决了海量内容精准分发的效率问题，而传播方式的变革将改变用户并最终给社会、文化等带来深远影响。尽管算法还未能完全被规训，但是其作用毋庸置疑，数据、算法和算力的融合将引领新闻业完全走进智能传播时代。智能传播环境下，如何使得算法能够善用？研究者提出多个向度的建议：打开算法黑箱，使得公众能够对算法建立技术信任；推动平台治理，为平台设定算法治理义务，界定平台责任；通过法律规制对使用算法的机构等问责。这些建议各有各的道理，但是实施起来各有各的问题，这使得截至目前，算法治理仍是全球性的难题。但是，算法治理的总体思路，各国基本达成了共识，技术治理和社会法律治理协同推进。在一定意义上说，技术产生的问题还需要技术协同解决，需要我们等待和推进技术的进化与完善。

第二节　用户数据权利博弈

在人的自我解放意识和社会经济效率化需求的推动下，人工智能的重要地位日益凸显，并逐渐融入人类的日常生活中，成为未来生产生活不可或缺的部分。但在技术产品日新月异的同时，人工智能也潜藏着风险加剧的危机，尤其是个人独立的人格利益以及安全利益，正不断地被科技产品侵蚀。人工智能所创造的生产生活的便捷性恰是建立在对个人生活渗透的基础上，是人类以“支付”个人信息为代价而换取的。人工智能的发展离不开对个人信息的利用，如何治理个人信息成为平衡人工智能发展与人格利益保护的关键。

一、人工智能与个人信息的碰撞

（一）人工智能需要个人信息“喂养”

如果从本质上对人工智能进行理解，那么它就是模仿人的思维信息的过程。它的运行逻辑就是通过模仿来发出一些行动指令，不变的是服务于人的行动目标。人工智能要想保持有效的功能发挥，就需要不断地对个人信息进行收集以及编入。智能化的程度越高，也就代表着他所掌握的个人信息越多，也就说明了它超强的个人信息处理能力。人工智能的运行离不开个人信息作为基础，同时个人信息也是它的处理对象。

第一，人工智能就像它的名字一样，人工也就是由人类创造出来，在经过后续科研人员的制作以及设计研究，让其变得智能化。人工智能首先要大量地收集他人的信息来制成样本数据，再将一些算法程序注入人工智能中。这时人工智能中储存了一定的数据，科研人员可支配数据的知识产权，个人信息也得到了控制，即便是在个人信息的获取时需要授权，科研人员也有权利支配。

第二，人工智能在运行时，所依靠的是对服务对象的信息进行不断地读取，它搭建了人与物之间关联性的平台。在面对外界自然物时，人类可以利用人工智能对由此产生的物理性的影响进行分析，服务对象和人工智能的互动是这一切的基础。信息之间的沟通，是互动的本质，对方知道你的所想和所做才算是良好的沟通。人工智能本身就是对人的思维进行模仿的过程，这也是它的优势，它利用和人的互动来对人的兴趣爱好、行为习惯以及生理特征进行读取和分析，将所读取的信息进行储存，通过对信息的分析做出相应的反应，这样才能让服务对象的需求得到更好的满足。换句话说，就是人工智能通过强大的演算能力将服务对象进行全面的分析，并且分析得非常透彻，服务对象并不需要系统性地将自己的各种信息告知给人工智能，其实它早已了解，根据它自己对数据的分析来提供服务，有时候甚至能够提前预判服务对象的需求。人工智能的分析演算能力是随着对信息读取的增加而增加的，智能化也因此达到了更高，从而让服务对象对人工智能青睐有加。

第三，丰富多元化的个人信息造就了人工智能的不断发展和创新，对于人工智能来说，它的进步主要受到两个方面的影响：一是个人信息不断地喂养；二是技术的不断更新。人工智能对信息的处理能力、降低出错率能力、交互能力和应激反应能力等都是可以通过技术的更新进行提升的，这些创新都是在物理形态上进行的。研发者可以利用人工智能多元化的个人信息来对所需求的产品进行设计研发，在对产品设计时，融入个人的兴趣爱好以及行为习惯等。个人对人工智能的使用仍旧摆脱不了后台管理的操控。负责后台的管理者的评估以及监控人工智能对信息的处理过程，将无法处理的信息收集起来进行修补，这也是技术提升的主要手段。

（二）个人信息的私权色彩增强

人工智能时代下，数据被冠以“新能源”的称号，而数据所反映的个人信息也成为时代的“新贵”。信息是人们在适应内外部世界并使这种适应反作用于内外部世界的过程中，同内外部世界进行相互交换的内容和名称，即信息记载着人的外部表现，记录着人内心的世界。人工智能服务于人，对人工智能的发展而言，个人信息具有极高的商业价值和经济属性。个人信息可以成为产品经理研究市场需求的素材，利用人工智能向特定主体投放产品和服务信息，在个人做出消费决策前进行推荐，引导他们购买投放的产品和服务信息。个人信息就相当于生产原料，取得个人信息就等于掌控出击市场的主动权。个人可以通过上传个人信息来获得人工智能企业支付的对价。社会处在人权保护高涨、权利意识陡增的大潮中，个人信息因能与特定主体建立联系而又与人格相关，进而唤起信息制造者对其进行支配和控制的欲求。

互联网的普及，使得个人信息在互联网上充斥。信息从私密敏感到公开共享、能作为商业化使用，出现了个人信息财产权利概念——一种对个人信息的商业价值进行支配的权利。从财产角度来解释个人信息的地位，即物化个人信息，试图用产权观念和对价交易的经济学思维来定位个人信息。之后，由于侵犯个人信息事例频繁，个人信息所包含的人格尊严、人格自由等人格利益逐渐得到关注。个人信息因具有可识别性，信息的类型也不局限于私密信息，因此主张将个人信息纳入人格权保护成为主流的呼声。

个人信息归根结底是外界与信息产生者交流的纽带，借助个人信息可以进入信息产生者的主观世界，进而影响其身体行动。显然，无论是隐私权、财产权还是人格权，主张保护信息的本质实际上还是在保护个人基本人权。个人信息的核心特征在于可识别性，即个人信息与信息产生者之间存在紧密的联系，获知个人信息后可以与某个特定主体联系起来，尤其是具有独特性、唯一性的隐秘信息，更容易确定某个特定主体。因此信息产生者需要控制、支配自己的信息，并决定信息用于何处，否则极有可能因信息的泄露将自己陷入不利的境地。个人信息私权化保护的核心在于个人对所有反映自身信息的“行为痕迹”控制的必要性。

（三）人工智能时代下个人信息权利失格的风险

“人工智能时代是一个高度技术化的时代，科学技术的高度发展既是风险社会的特征，也是风险社会的成因。”人工智能对个人信息的需求量是非常大的，也因此和个人信息的隐私性产生了一定的冲突，这让人工智能的发展和个人信息权力的磨合受到了阻碍，人工智能在使用个人信息的同时，却忽视了信息泄露带来的风险。这是一个值得严肃思考的问题。

第一，个人信息的自决权落空。信息产生者对个人信息享有控制权，主要表现为可以决定信息使用的权利。人工智能在以往所采用的信息收集方式就是用户的授权，比如用户使用的一些智能产品，在进入一些网站时，便会弹出是否同意对信息进行读取，为了智能产品的正常使用一般都会选择同意，这样用户的信息以及在本网址中的任何浏览记录都会被收集起来。现在人工智能读取个人信息的方式有所改变，但是对于具体的条款并不是很明确，在实践中，使用产品和个人信息的授权是捆绑在一起的，如果用户拒绝对信息读取的话，仍旧是没有办法正常使用的。所以人们为了正常使用一些智能产品，就不得不对自己的权利做出让步，信息的收集以及使用的种类个人是无法决定的，这也是权利让步的一种，这样就更方便于人工智能对个人信息的收集。

第二，个人信息的知情权落空。不管是对个人信息的收集还是使用，都要以个人信息的知情权为前提，目前人工智能对个人信息的收集过于隐秘，让信息产生者完全不知道自己的个人信息是如何被收集的，既不知道收集了哪些信息、用在了哪些方面，也并不知道收集的目的。2016 年，《中华人民共和国网络安全法》颁布，其中规定了网络领域对个人信息的收集必须要在被收集者同意的情况下才能进行，并且在对信息使用时，不能违反法律法规以及被收集者的个人意愿。虽然如此，但是实施起来仍旧不见成效，主要是因为人工智能时代的一些服务条款让使用者无法明确个人信息的使用方式。虽然对自己的个人信息的授权是明确知晓的，但是经营者将个人信息用于何处却不得而知，这种情况不仅存在于互联网领域，在人工智能领域仍旧无法改变这一现状，也无法做出具有保障的明确规定。

第三，个人信息处分权落空。人们身处人工智能时代，产品的升级、运行、推广以及营销都是依托着个人信息来进行的，从客观上来说，个人信息并不是一个具体的东西，但是它的属性却是多元化的，它能够被数据所记载，并且可以通过对数据进行分享和迁移来形成交易的个体，因此它也是具有经济属性的。自身所产生的信息，具有销毁、修改以及上传的权利，也可以进行抵押、置换以及买卖。目前看来，在信息产生者和人工智能之间并没有处分权的相关内容，虽然这二者已经达成了一定的服务协议，信息产生者对人工智能产品的服务协议同意后，就会留下相应的信息，这些信息在人工智能数据库中储存，信息产生者对自我信息的处分并没有相应的技术手段。而且从人工智能运营者的角度来说，个人信息与商业秘密二者是类同的，以市场竞争为立足点，在搜寻个人信息的过程中，带有个人信息的数据，人工智能运营者一般不允许信息产生者进行数据再处置。因而在服务协议中对于个人信息的处分权利就被忽视。时下，关于个人实施处分的权利这一事项，多数人工智能服务协议的内容中还是有保留的，但也存在少部分的仍处于空白区域，尤其是关于法律处分保障这一领域。

归根结底，人始终是掌握着技术的那一方，人工智能看似掌控着我们的个人信息，但实际上人工智能的运营者才是接收个人信息的最终端。造成个人信息权利失格的主要因素就在于信息安全，尤其是个人的思想观念及行为活动等各项信息都被他人掌控，而个人对运营者怎样处理这些信息一无所知，特别是这些信息的保护状态也是极不稳定的。

二、现行国内外个人信息保护模式述评

（一）个人信息权利与个人数据权利

人工智能时代的个人信息以数据为载体，被数字指令所记载和存储，通过对数据的编译得出具体的信息内容。因数据包含着个人信息，对个人数据权利的立法也不在少数。1980 年欧洲经济合作与发展组织发布的《隐私保护与个人数据跨境流动

准则》将个人数据定义为“与识别或可识别的个人数据主体有关的任何信息”。1990 年德国《联邦数据保护法》同样定义为“关于个人或已识别、能识别的个人（数据主体）的客观情况的信息”。1998 年英国《数据保护法案》则定义为“由一个活着的人的信息组成的数据”。2016 年 4 月 27 日欧盟通过的《一般数据保护条例》也采用 1980 年《隐私保护与个人数据跨境流动准则》的定义，在其第 15~22 条中具体规定了个人数据权利的类型，包括访问权、更正权、被遗忘权、限制处理权、数据携带权等。

欧洲国家和欧盟对个人数据的定义都含有信息，通过保护数据权来保护个人信息，但在我国法域内，个人信息权利与个人数据权利仍有较大差别。首先，数据和信息是两种不同概念。我国目前的基本法层面没有个人数据这一术语，仅称数据，故数据权利主体既可以是自然人，也可以是法人、其他组织。而我国《网络安全法》专门对个人信息进行规定，并使用个人信息这一概念。其次，《中华人民共和国民法总则》（以下简称《民法总则》）第 111 条规定了自然人信息权，第 127 条又规定了法律保护数据。显然，立法者有意区分个人信息权利和数据权利，并且不同于上述国家和组织将个人数据视同于个人信息一样来保护。按照《民法总则》第 127 条的规定，数据的法律地位同网络虚拟财产一样，被视为“一种特殊类型的物”，具有财产性质。我国的数据权利在法律性质上更多指向财产性权利。再次，个人信息的价值在于可识别性，可以在信息与特定主体之间建立联系。而数据本身没有价值，其价值和功能的发挥完全取决于数据分析技术。只有借助数据分析技术，才能解读出数据中的内容。最后，个人信息也不总是以数据形式体现，数据是联结诸如机器设备与个人信息之间的桥梁，在使用机器设备获取个人信息时，需要借助数据，按照数据处理工具将信息转换为数据，再将数据编译成个人信息。在其他除电子设备以外的场合中，个人信息还能以字母、语言、肢体等形式来表达，可以记载于书面，随着人工智能的发展，未来可能出现更多记载个人信息的形式。因此，数据仅是个人信息的载体之一，用个人数据权利无法支撑起个人信息权利法律适用的架构。

（二）个人信息权利与隐私权保护

把个人信息权利纳入隐私保护模式起源于美国的“信息隐私权”规则。在美国的法律中，隐私权存在于普通法律体系里，它代表着公民的基本权利，代表着人的自由和独处。在1977年的“惠伦诉罗”一案中，联邦最高法院将“隐私权”正式引入了司法实践，用于在个人信息加工处理和流通领域中对个人隐私的保护。很多情况下，“个人信息保护与隐私保护具有相同的意义。”个人信息的优势是可以识别某些图形、数据信息、符号和声音等所传输的含义，这种含义就是信息，是别人将特定的信息和指定的主体构建的关系。随着关系等级的提高，通过这些信息内容能够知道指定主体的身份特性、地址方向、动作习惯、兴趣爱好、动作内容等，很有可能进入隐私信息范围。探索、公布、运用这种隐私信息就会步入隐私保护的范畴。王泽鉴认为：“保护私生活不被外界信息打扰和信息自主这两个方面都属于隐私权的保护范畴。”换句话来讲，个人信息保护和隐私权保护具有交互性。但是不能将隐私权保护替代个人信息保护和合法运用的法律体系。

首先，信息不光有隐私信息，还存在其他样式的个人信息，这些信息有的还会含有一些价值，只有实现共享才能将信息的价值呈现。像互联网通过把指定主体购物爱好者的信息收纳，运用计算机技能，直接向这类指定主体输送相对应的购物广告内容。一方面互联网公司利用这种方式将中介费和广告费收入囊中，使平台下的点击量增多；另一方面购物者也想让平台向自己输送精准的商品信息，节约挑选的时间。这些信息，如果把它归于人的隐私，放在隐私权的位置，就与主体意识相违背，不仅增加了麻烦，还降低了大数据对准确、高效、便捷的目标追求。

其次，将隐私权规定为一种特定的人格权存在于私法领域里，主要目的是保护私人生活的安静；但是个人信息法律关注的是指定主体能够随意使用自己的信息内容，保护的含义是可以合法合理地使用，而不是被制约。人工智能的发展主要是将数据分析运用作为基础，不断整合个人信息，将个人信息统计得科学化，预测并分析未来，使互联网经济在生产力水平和发展上得到进一步的提升，提高国家治理能力现代化的水平。个人信息的保护应通过企业、个人和国家的层面出发构造多方合作治理模式，在信息治理方面进行加强。

最后，隐私权具有被动性和防御性。隐私权保护就是在权利人受到伤害时，可以使用隐私权来保护自己的合法权益，但是保护的首要条件是权利受到损害，在自身权利没有受到伤害时，自己是无法使用隐私权来阻止别人的行为的。人工智能时代的“新能源”是个人信息数据的载体，每个人都可以以买卖、交换、授予等方式将个人信息的利益转换给其他人。这种状况下，互联网可能会做出让步，譬如信息生产者注册成为该平台的会员客户时需要在下方的“用户须知”勾选对号才可以注册，以此来表明自愿，就可以拥有免费使用该平台的权利。这样恰恰表现出个人信息不仅不局限于事后维权，还要在事前规整，在资料生成之前，人们就已经意识到，个人对于未来资料生成的自主决定权。同时，个人信息也包含事后维权，像平台没有经过自己的允许将个人信息进行出售或者用在其他地方，甚至违法使用，导致个人人身安全受到威胁。如果出现这些情况，那么既要在司法上给予帮助，还要利用法律进行维权，二者同时进行，以达到补偿和震慑的效果。

（三）个人信息权利与财产法的关系

在人工智能时代下，个人信息可以被商业主体用于分析消费群体的行为偏好，描绘出行为图谱，并借此改造产品，进行营销，引导消费选择。个人信息也可以借助载体的转让进行转移，可以被定价，故而逐渐“商品化”，因人的需求而成为可交易的客体。当个人信息具有财产性利益时，信息产生者对该财产性利益的控制需求因而被激发。对个人信息进行财产权保护，能够在个人信息静态归属与规范动态转移的基础上，平衡人工智能对个人信息的商业化需要与信息产生者对个人信息的利益诉求，用“对价化”思维来保护个人信息也能避免在无序状态下个人信息的财产性利益被商人所窃取。

从国外对个人信息权利的立法来看，美国对个人信息的保护“并不是视其为一种攸关主体人格尊严的基本权利，而是将其放在促进电子商务和信息经济发展的理念之下”。在美国的法治模式中，虽然没有立法明确将个人信息纳入财产法中，但允许包括个人信息在内的一切有价值信息作为商品在市场上交易。欧盟在《欧盟基本权利宪章》中视个人信息权利为一项宪法性权利，体现为对个人信息保护的《一般数据保护条例》则具有功能主义立法特征，保护个人对数据权的多样性法益，包括数据控制者、处理者对数据的收益权。

回到我国，《民法总则》在民事权利一章中专条规定自然人信息权，既未界定为人身权属性，也未界定为财产权属性。由此，若从现行财产性权利法律规范中寻找个人信息所适用法律的空间，可以发现个人信息不具备“物”的属性，个人信息权利无法适用《中华人民共和国物权法》保护。首先，物权的对世性决定了“物”必须满足特定性的要求。个人信息范围之广且随着个人自然变化而始终处于动态变化过程，就连个人的基本信息，如联系方式、身高、体重都可能发生变化，更何况行为偏好。个人信息无法特定化限制了划定权利边界的可能，在不能确定排他支配范围的情况下必将影响义务人的行为自由。其次，“物”需具备有体性，虽然随着现代物权法的发展，诸如权利等无形财产可以成为物权的客体，但在所有权中，对“物”的要求仍然是有体性，有体之物才能界定排他支配的范围。个人信息属于无体物，需要借助特定载体来表达，同样的个人信息可以被记载在不同物理形态的载体之上，如果以所有权思路保护个人信息，就可能因载体不同但信息内容相同而导致所有权冲突，这违背了一物一权原则。最后，“物”需具备可支配性，从自然人以特定形式表达出个人信息开始，个人信息就已附着在某个数据、符号等载体上，脱离自然人的支配，而自然人也不可能支配无形之物，最多是支配含有个人信息的载体。对信息的控制权利实际上是对信息处理这种行为的支配。

知识产权兼具人身权属性和财产权属性，但在知识产权法律体系中同样也无法找到保护个人信息权利的依据。个人信息只是反映个人的生理、心理、思想、行为等内容，虽然具有可识别性，但不具有创造性，更不属于智力成果。因此，在个人信息权利没有被纳入财产性权利法律规范的情况下，适用侵权责任法来为个人信息保护提供救济手段也就无从谈起。

三、人工智能时代下个人信息的公共治理

（一）私法上构建个人信息权利体系

权利行使以及权利救济是权利的体系化建设的重要依据，其内容及范畴可以被转让。当前在《民法总则》中具有明确记载，其中第 111 条规定了自然人的有关信息受法律条例的保护，并且放置在民事权利这一章中。在当前时代的影响下，要想克服法律的落后性，确保展望性，这就需要建立起完整的个人信息保护法，健全个人信息权利的基本体系。

第一步，以识别性为基础，制定个人信息内涵界定模式。对于个人信息的保护，其价值在于个人与个人之间的特殊联系，通过这种联系，能够将信息的控制者与本人进行紧密的联系。在没有经得他人同意，使用的信息将没办法识别个人，则很难主张适用于个人信息权利保护。要注重的是，可识别性与显明化是两种完全不同的概念。例如一些具有特殊意义的标签（网名、个性签名、外号等），通常能够根据这些标签确定到本人可以定位于具体个人，也可以认为具备一定的可识别性特征。

第二步，在严格划分信息类别的同时，也差别化对待了个人权利。在个人的信息中还收录了很多个人隐私信息。在上述较为隐私的个人信息中，有相当一部分是自己并不希望披露的，而另外一些是披露之后会对本人的日常生活带来重大危害的个人信息，因此一般可把信息分为两类：一类称为普通信息；另一类称为敏感性信息。关于敏感性信息，有两种具体的保护模

式：一种是公开之后给生活造成影响的信息，对于这种信息的保护，要严格依照知情同意的相关权利；另一种则是本人不愿意公开的信息，主要参考隐私保护模式，除了用于公共管理之外，经过知情同意之后再进行转用，以免流入经济市场上，被有预谋的人进行违法犯罪，给自己带来麻烦。

第三步，也是最后一步，要明确个人信息权利的类型，主要为知情同意权、表决权、更正权等。所谓知情同意权，主要是指信息主体（自然人）对所持有的信息拥有知晓的权利，其权利的相关内容包括：收集信息的方法、使用本人信息等。所谓表决权，就是指对本人信息的具体内容与使用方式等拥有对应表决的权利。更正权属于决定权中的一部分，当信息出现错误或者缺失时，会对自己的生活造成影响，个人有权行使更正权，对错误或者缺失的部分进行更改与完善。在我国的《消费者权益保护法》中已有明文规定，在第二十条中确定了上述的个人信息权利，在未来就必须把所有个人的信息权利统一到立法文件中，并让其成为社会各个领域的信息基础，从而拓展其他的信息使用领域。对于侵害信息权益者的法律责任承担与补救方法，不仅要有关于信息保障法的有关规定，还适用于侵害个人信息权益；而对于侵害他人信息、造成经济损失的，政府不仅要做出适当补偿，还要追究法律责任。

（二）公法上完善个人信息保护和治理制度

“在公民个体不足以对信息风险进行客观和有效判断的情况下，国家有责任为公民提供信息安全这一公共产品。”对个人信息的保护，除了需要健全个人信息权利体系为公民个人控制、支配、处分、反映自己信息的“行为痕迹”提供权利依据和救济途径，还需要从公法上强化人工智能企业的责任。

构筑有效的外部执法制度，是规范和管理人工智能企业利用个人信息秩序的保障。在行政执法层面，首先，要采取统一立法和分散立法相结合的模式，在今后的个人信息保护基本法中规定使用个人信息的原则、禁止性行为清单、行政责任的类型和处罚范围，并规定授权制定条款，由不同的法规、部门规章做具体安排。其次，要成立专门的信息监管部门以替代目前由公安部门监管的机构设置，强化监管职责，转变治安管理的信息保护理念，突出信息的治理。再次，个人信息在用来标识、记录特定主体时，具有公共产品属性，具有个人排他性，出于国家管理和公共利益需要，也存在合理使用个人信息的正当性。设立许可制度、备案制度、报告制度、公示制度等，要求对人工智能企业制定的信息授权协议审查许可，对合理利用信息的企业采取事后备案制度，对涉及重大敏感信息的使用报告有关部门，定期公告个人信息使用情况。最后，在处罚上要引入按次数计算累犯加罚和按条数、结果严重程度引入加重处罚制度。

四、人工智能时代下个人信息的私人治理

从法律层面来说，实现社会调整主要是通过对权利义务的分配来进行。法律对社会的普遍适用效力以及法律对社会秩序的追求，对社会治理及塑造社会秩序有着重要作用。从秩序层面上来看，指引人们行为的应为与不应为是法律作用的主要体现。除此之外，实现“如何为”还需要私人的治理手段。

（一）人工智能产业的行业自治化趋势

就目前来说，随着行业协会的迅猛发展及进步，对于社会治理手段的有效补充就需要行业内的各类自律规范，国家提升经济社会治理能力的重点便是强化行业自律规范。行业自律规范的优势主要表现在以下三个方面：

第一，行业自律规范的专业性、可操作性及灵活性更强。由于专业人士对个人信息技术手段的解读与分析，并提出了有效的规范建议，使得人工智能具有超强的专业性，涵盖了各个领域的专业知识，例如计算机科学、统计学、数据开发及信息论等领域。人工智能有着阶段性和地域性的特点，这与经济以及科技的发展都有着重要关系。想要规避法律的滞后性和统一适用这一类僵硬性的问题，就要针对人工智能在不同时期及特定区域的发展制定相对应的个人信息使用规范。

第二，从制定程序上来看，行业自律规范的制定程序简便

且弹性大，而法律的制定程序却不相同，其制定程序十分严格。因此，在授权范围内由行业协会通过对其进行自律性的管理有利于消除由认证带来的官僚拖延，对技术创新更是有着巨大的推动作用。

第三，与法律相比，行业自律规范的强化长效性更强，对于保护个人信息权利这种长期目标有着积极作用。促使人工智能企业能够主动自觉地保护个人信息权利这也是制定法律规范想要达到的目的。想要杜绝侵犯个人信息权利这种恶劣行为，就要求人工智能企业树立个人信息权利的保护理念，意识到其重要性并形成规范，进而在具体行动中有所体现，按市场自治为主、国家适度干预为辅的原则，达到一种和谐状态。也就是把法律作为基本架构发挥指引作用，行业自律规范作为具体行动的方向指南。如果行业足够自律，国家就只需要进行监督，防范行业内的联合垄断的出现，警惕关于个人信息权利的集体式侵犯。

现时，由于我国人工智能的发展仍处于起步阶段，行业组织还未成熟并且也没有出台相关的法律制度。所以我国关于个人信息的使用这一方面的行业自律规范并不多，因此在 2019 年 6 月由中国人工智能产业发展联盟组织发布的《人工智能行业自律公约（征求意见稿）》中，对于个人信息的使用问题也并未有过多涉及。为解决此类问题，现阶段来说可以采取两种方式：第一种是通过出台通知性、意见性的文件，引起各地区人工智能企业的重视，引导其建立行业组织，并划分职责范畴，以此作为对个人信息权利的保护；第二种是建立试点，制定关于个人信息使用的自律规范，可以是公约或行动指南等，不必拘泥于形式。从长远来看，人工智能的法律规范或个人信息保护的法律规范制定之后，应把制定个人信息使用规范的权力分配给政府监管机构和行业组织，把权力赋予行业组织。同时政府应充当守夜人的角色摆明原则，理顺政府与行业组织之间的关系。首先，保证行业自律规范符合法制轨道，建立备案与审批机制，对于一般信息的行业自律规范实行备案机制，对于敏感信息的行业自律规范实行审批机制；其次，制定行业自律规范要落实公众参与的原则，要先由人工智能开发企业或者运营企业也就是个人信息使用者，解释说明个人信息权利在特定的人工智能中是如何行使的以及制定的缘由和操作原理，才能继续进行论证表决。

（二）个人信息保护的“标准之治”

“标准（Standard）”是“通过标准化活动，按照规定的程序经协商一致制定，为各种活动或其结果提供规则、指南或特性，共同使用和重复使用的文件。”“标准是指对需要协调统一的重复性事物和观点所做的统一规定。以科学、技术和实践经验的综合成果为基础，经过有关方面协商一致，由主管机构批准，以特定的形式发布，作为共同遵守的准则和依据。”由此可见，标准是能够规范标准化活动以及在标准化活动中普遍适用的规范性文件。标准的规范性应以科学技术领域的技术要求为起点，获得行业最大共识为路径，最终形成以促进最佳社会效益以及保障技术安全的目标，是最直接与科学技术相关联的治理工具。标准可以成为规制人工智能领域的“法律”，成为该领域行业自律的新工具。

规范的拟定不但能够保证人工智能更完美地达到可运行性的重要目的，还可以严格把控人工智能科技的安全性以及可依赖性，进而形成技术的自愿共识性规范。它是国际公认的规范模式，由规范小组和不同的技术机构拟定，具有极高的权威性、科技性和创新性，是当前多数发达国家所使用的规范模式，其原因在于由此形成的自愿共识性规范的拟定流程坚持了公正性、透明性以及利益均衡性准则。公正性表示标准的拟定流程能够被所有人知道，没有任何弄虚作假，确保了规范具备了较大范围的标志性。透明性确保了规范拟定的流程能够接受所有人的监督，进而确保了规范拟定的公开性。利益均衡性指的是拟定流程结合共识，共同保证了规范拟定的各个对象的权益，也就是规范不会损害到所有利益相关方的权益。所以，人工智能科学技术机构在拟定自律规范的准则时，应该结合自愿共识性，坚持公正性、透明性以及利益均衡性准则，在拟定个人信息保护规范过程中不仅要顾及人工智能单位的权益，也应该顾及个人信息使用对象的权益，更要照顾到个人信息权利人的权益。自愿共识性规范的来源是领域的一线，可以表现出人工智能科技范畴中的现实情景，对推动规范的拟定和落实具有重要的意义。

规范的标准组成元素自身并不具备任何的法律含义，只是具备科学以及科技方面的含义，所以规范并不具备法律层面的标准性，规范的标准性仍然只是涉及科学以及科技方面，换句话说，规范就是单一的技术标准。自愿共识性规范的非强制性针对强制效果表明了要求，但是法律修整科技范畴的限制性表明了应该大幅度地调整科学技术范畴的要求，规范和法律结合进而演变成了帮助处理人工智能的重中之重。从实质上讲，自愿共识性规范以及法律的结合其实就属于公私协作形式。规范的拟定一般是依据拥有专业技术的非政府团队为实现相应的标准性目标而拟定的技术准则，按该准则拟定的规范通常被称为私人规范，也可以叫作非政府规范，一般在文献中会被叫作私人治理的一个局部，和公权力治理大有不同，专家在讨论它们的联系过程中，认为私人治理能够帮助公共治理更加完善。规范和法律具备了结合的基础，它们结合的基础指的就是双方在某些方面的共性，也就是标准性以及对于纪律的遵循。规整人工智能的有关法律利用团队规范作为规范和法律结合的形式具备了政策方面的适当性。在《国务院关于印发深化标准化工作改革方案的通知》中表明，标准化在推进国家治理体系和治理能力现代化中发挥着基础性、引领性作用。所以，法律能够授权人工智能机构拟定人工智能规范，只要符合自愿共识性流程，那么所拟定的具备科学性、先进性、适当性的团队规范，就能得到法律的强制约束力。也就是说，法律也能够在技术规范的帮助下深入调节人工智能范畴。这样一来，人工智能范畴内的治理应该结合技术规范，让其变成人工智能范畴内专业化治理的重要法宝。

第三节　人工智能的伦理、法律问题

随着人工智能的快速发展，其伦理问题也显现出来。想要减少人工智能的负面影响，重要的是能够全面地认识这些伦理问题。本节是站在工程伦理学的角度上对随着人工智能发展出现的人权问题、社会伦理关系发生变化的问题、经济伦理问题以及影响人类安全的问题等进行研究分析。

一、人工智能的伦理问题

（一）人工智能的人权问题

位于纽约州立大学石溪分校实验室中的两只黑猩猩就曾被美国的一所法院授予了人权。在人的帮助下这两只黑猩猩可以通过运用法律武器来保护自己，避免被监禁。它们是因为有像人的思考行为的出现而被授予人权。那对人工智能来说也可以有部分的人权吗？

1. 人权的概念

人权是法律规定一个人应享受的人身自由和各种民主权利，是人民应当平等享有的权利。其基本特征是人权的普适性和道义性。人权体现了人们已走向文明，并作为理念根植于脑海中。道德规则和伦理关系以人权作为基础，在利益和需求方面是最基本的，任何人都应平等地无任何限制地享有人权。

如今，对于人权的维护和保障是一项基本的道德原则。对一个国家或者地区优劣的一项重要评判标准就是其是否保障人权。

2. 人工智能的人权困境

对于人工智能来说，人权方面的困境就在于机器人是否应享受人权，如果赋予人权，那么尚未准备好的人们内心和道德上又会面对怎样的挑战？

（1）给予人工智能人权的理由

机器人虽然是一种非人类生命，但是它与电视机之类又有所不同，它可以看作是一种人工生命。对于生命来说，其本身就是十分特别的，因此它也有自身所对应的人权，我们不能残忍地对待它。当你看到人使用极其残暴的方式肢解了一个类人型机器人，你的感受会如何呢？对于人类来说，以其当前的道德与内心，关于机器人的人权是否该享受，又要享受何种人权，以及享受的范围，都是一个艰难的挑战。人类自身的怜悯之心致使将部分人权给予机器人。那我们又该如何面对人工智能呢？通常的想法就是人工智能应该是一种机器或一段代码，和汽车及电视机之类没有差别。但这种想法显然没有考虑到这对于未来人类的影响。原因就是如果人们将这二者看作同类，那么当人们破坏一个有意识的机器人时就像破坏一台电视机一样的话，就相当于自己允许邪恶念头的存在，而人性的弱点恰恰就是这些邪恶的举动。

达灵，一名麻省理工学院的研究员。他所做的一个实验对我们理解上述现象起到重要作用，此实验的主要流程就是：达灵准备了一个绿色的机器小恐龙，名字叫作 Pleo，Pleo 的制作材料都是柔性的，与肤质十分相近，眼睛也是一闪一闪的，似乎能够传递情感。达灵寻找了大量参与者，年龄、背景都各不相同，实验内容主要是让参与者与 Pleo 这个机器人独处一小时的时间。在这段时间内，可以与 Pleo 尽情地玩耍，但一小时后，要求参与者对 Pleo 进行肢解，最终这样的要求没有一个人答应。经过这次实验，达灵提出一个观点，就是人们在亲眼看见机器人受到虐待时，是不能忍受的，因此在人权上应当对机器人进行一些让渡。

在此之后，Pleo 被当作研究者的试验品遭受了实验参与者的残忍虐待，它被放进一个密封的塑料袋里，实验参与者使用棍子用力地敲打。杜伊斯堡-艾森大学的专家学者为了解参与者的内心反应，运用了皮肤电传导技术从而了解到他们的内心反应。从这些反应不难看出，无论是从伦理道德的角度还是从心理健康的角度，对于人类而言，虐待机器人总是百害而无一利的。这也要求人们对是否要给机器人一些人权进行深度思考。

(2) 不给人工智能人权的理由

Pleo 机器人的例子启示我们应该好好权衡该怎样对待机器人，该在何种程度上让渡人权给它们。人类对待自己的同胞时会按照一些原则去做，同样的，达灵认为："我们对待机器人也要有一套成熟的规则，让我们知道自己的行为是不是让机器人不舒服了。"

很多国家都认可一个有人权理念的社会意味着社会文明进步了。人工智能参与人类生活越多，对人类精神生活的影响就越大。如果给予机器人人权的话，机器人可能会索取更多的人权，最终导致人类受到伤害。有人认为只要工程师按照人的道德标准和伦理准则去设计机器人，那么就不存在以上问题了。这样，机器人就可以享有一部分人权。托马斯·梅辛格是一个哲学家，他认为有意识的机器人会因为觉得自己和人不一样而感到痛苦。

3. 人工智能对人类权利的影响

人工智能以各种形式融入人类的日常。人们普遍接受人工智能应用于医疗，但是这也会产生问题。患者要求将新型的智能假肢装上身体是合理的要求，这会帮助有生理残障的人更轻松、更有尊严地生活，这是他们的人权。但是如果一个全身瘫痪的患者要求将自己的大脑植入机械身体中去，除了大脑，其他的部分都是机械，那我们如何面对他们呢？患者希望拥有行动力，但是一旦接受这样的治疗后，他算是人类还是智能机器人，或者是混合生命呢？

拥有了智能肢体的人类，已经不是原来的残障人士了，甚至因为拥有智能肢体，他们将成为"超人"。这对正常人来说，将是潜在的威胁。这会促使有的健全的人为了得到非一般的身体，甚至也去接受这样的智能肢体移植，这对人的人权也是一种侵害。假如以后要开运动会，得奖的会是那些安装智能肢体的人，但是如果不让他们参加，是不是就意味着歧视他们？甚至未来人类可以将自己的思想备份，如果人即将死亡，或者遭受意外伤害，连大脑都失去生机，将他的思想注入一具机械身体，那它又算作人还是机械呢？

如果将人工智能当作电视机一样的电器（电视机当然没有“人权”），人类砸坏电视机是他自己的权利，因为电视是他的私有物。那么人工智能是不是这样的私有物呢？人工智能如果拥有了人权，那么意味着人类不能随意地伤害人工智能，人类可能因为打断了智能机器人的手臂而入狱。这也就是说人类部分人权丧失了。这个问题值得专家们深思。

（二）人工智能对伦理关系的影响

人工智能对伦理关系的影响体现在对某些伦理关系的改变上，具体表现在构成新的人机关系、人工智能代替人工、改变人类的价值观这几个方面。

1. 构成新的人机关系

在制造业，人工智能已经被大范围地使用，尤其是在汽车制造业。如果人工智能深入人们的社会生活中，那么社会里依靠人的工作机会将逐渐减少，到那时会有大批的失业人员。人工智能的成熟发展会代替人类的生产。届时，大部分的生产工作都会出现智能机器人的身影，而人类的活动逐渐减少，以至于消失不见。此时，人类将会步入一个“全民失业”的社会。休伯特·德雷福斯曾经说，如果这种情况出现，人类的社会关系将会发生翻天覆地的变化，人际关系也会消失不见，不会有更多和人类之间互相沟通的机会。在逛商场、吃饭、旅游、消费时，和我们沟通的是智能机器人，所有的时间几乎都有智能机器人的存在。那么人类社会关系也会随之崩塌，之前的人和人的社会关系也会不复存在，取而代之的是人和机器人的关系。

无论哪种新的社会模式出现，我们都要经过一些时间去习惯。大部分人都无法习惯这种社会关系的转变，于他们而言，生活的各个地方存在智能机器人对他们来说有着巨大的心理压力，和智能机器人的长时间沟通，只会让他们对自我价值产生怀疑，甚至开始担心自己的未来。经济的运转自然而然地会引起人们的兴趣，每个人都会有自己的工作。当人们努力工作时，内心就会生成一种很强的成就感与荣誉感，这对人是非常重要的。在工作中产生的成就感与荣誉感会让人们在生活中更加有积极性，充满斗志，并会积极地改变这个世界，去寻找人生的价值。如果未来人们的工作被智能机器人所取代，那么人类的大脑就会变得越来越单一，没有了创造思维。现在很难想象，智能机器人的出现使社会结构发生变化会对人类社会带来多大的影响，同时人类的弱项也会暴露出来。倘若智能机器人成为一切的主人，人类将会沦为配角。

2. 人工智能代替人工

人们对人工智能的心态其实也是非常复杂的，一方面想要利用人工智能替自己工作；另一方面又担心它们的发展会对自己产生威胁。同时，人们也担心人工智能对社会结构产生影响，引起社会结构变化，而这样的担心也是有所依据的，并非随意捏造。

这并不是危言耸听，只有人类才能对事物进行感知并做出自身的判断与评价，如果人工智能依据其产生的自我意识及感觉完成原本只能由人完成的事时，那么人工智能就取代了人成为社会中创新的动力，甚至未来走向的掌握权也会被人工智能把握。随着人工智能系统的不断升级，人们的依赖度会增高，严重的话还会造成人们智商的降低。对于人来说，如果人工智能在自我意识的作用下，开始维护自身利益，就会是一个巨大的威胁，甚至会危及生命。即便人工智能消灭人类的情况没有发生，随着不断进步发展，一部分人为获取更舒适的生活，做出将自身前途和命运交付给机器人的决定，这时另外一部分人或许反对这种做法，他们对人工智能的安全性有着深深的担忧或从心态上就对人工智能有着歧视的想法，这样的话就会在人类内部产生巨大分歧，甚至引起激烈的对抗。那么人工智能与人的关系就会变得更加复杂。

人道主义强调关心爱护人，重视人的价值和尊严，对人的基本权利进行维护和保障。如果未来人工智能的开发不能做到真正有利于人乃至整个社会，就应该及时做出调整，避免伤害到人类。

3. 改变人类的价值观

人或事物所具有的特定的价值及作用主要体现在价值观这一方面。而价值观通俗来讲就是人们对各种事物做出自己的认知理解、判断或选择的一种思维取向。人类的价值观也会受到人工智能的影响，概括来说主要有三个表现：首先，是对人们观念的改变；其次，是对人们思维方式的改变；最后，是对人们生活方式的改变。著名学者刘毅认为："未来人工智能不断升级的同时，会给人类创造一套新的伦理道德体系、新的价值观。"

随着技术的更新，人们的想法也在发生变化。面对这种变化人工智能也会致使社会观念发生变革。人类对真善美这类东西总是抱有一种追求的心理，所以对于猝不及防的变化也会以应然的态度面对。但是，如果人们发现自身智慧不足以产生积极影响时，那么人工智能就会作为参与者加入价值判断的过程中，然后新的道德就会产生用以规范人们的行为。随着人工智能的迅速发展，对于新、奇、异的事物和现象我们应当保持开放、宽容的态度，对人工智能的发展肯定其益处，然后进行分析鉴别，寻找借鉴之处。同时，对某些行为应当有所限制，有着邪恶目的且会产生恶劣影响的行为，就不能宽容。所以，想要利用好人工智能，就要有良好的自制能力。

我们的思维方式也在被人工智能改变。学者王丽慧说："语言作为一种工具，是思维的表现。程序语言是人工智能的表达形式。"我们既然创造了人工智能，就有理由对其优点进行充分利用。人类对于世界的认知是从整体到部分、从分析到综合。在自然哲学时期，自然界被人们分解为多种模块，并进行细致分类，进而认真研究各个要素。学者张振华曾说："当代工程师们研究自然科学发展的趋势是从分析到综合，用科学体系这样一个统一完整的有机整体揭示出一个复杂多面的自然界的整体系统。"系统方法作为一种认识方法是更加科学的，它以整体为立足点，总揽全局，辩证统一地看待整体与部分两个方面。系统科学的产生就是通过将自己立足于整个社会中，探究社会发展的规律，以推动社会发展，对社会形态的性质和面貌产生影响。系统科学是社会发展的产物，它以系统整体为出发点，利用新方式以求解决发生在人类各领域的问题。它的产生也使人类开始向更复杂的系统方向进行研究，也就是生物、社会及思维这三个方面。但如果单凭人类自身的智慧去进行了解，不仅容易出错，而且效率也非常低，这就需要计算机的帮助来处理这些大量的信息，因为通常这些动态系统都是极其复杂的。

上述各例都是工程活动的范畴，自然-人-社会这个三维场域是它们的主要活动背景，工程文化的形成就是因为人工智能中的工程文化和我们人类的文化产生了交集。这种文化对经济的增长有着重要的促进作用。这也要求工程师首先要有智慧，而且技术水平过硬，同时还要有宽广的格局。

（三）人工智能对经济伦理的影响

角色在人类经济生活中的替换是人工智能对经济伦理产生影响的主要表现，例如蓝领工人被工业机器人替代，机器人CEO替代金领。经济发展模式也会发生转变，由原本的多元化经济发展模式转变为单一的发展模式，贫富差距也因为经济发展的提速而拉大。

1. 人类经济生活中角色的替换

在经济生活中，由于人工智能处理事情效率高，可以帮助人们解决问题。因此人类的工作可以被人工智能取代，可能会造成大批工人失业。

（1）蓝领工人被工业机器人替代

如果焊接一辆汽车，存在的焊点有1 000多个，焊接一处一个熟练的工人需要5秒，但不到1秒焊接机器人就可以完成，而且焊接的质量也远超焊工。基于这种情况，富士康科技集团作为全球最大的生产外包公司就启动了“百万机器人计划”，用机械臂替代了所有劳动力。这些机械臂价格非常昂贵，一个机械臂要10万元人民币，和一个工人工作一年的工资相当。但是机械臂可以夜以继日地工作，第二年就可以创造更多利润。

工业机器人的崛起，必将使蓝领工人越来越少，蓝领工人将大量失业。

（2）白领工人被专家系统替代

兽医、物流师等白领需要相关的专业知识和经验才能把工作做好，而专家系统正好有这方面的特长。在与大数据云计算结合后，利用海量的知识储备和信息搜集能力，专家系统将替代白领的工作。也许未来医院里的大夫和护士会被一些零部件组装的机器淘汰掉。

Watson 是智能运算当中最高级的一种，当前主要用于帮助医生为患者治病。Watson 不仅会认知运算，还会自我成长。像 Watson 这样的专家系统利用最新的疗法安全地给患者治疗，而医生却做不到。我们将 Watson 看作道德主体，它要履行一些义务，保证专家系统不会对人的健康造成威胁。

（3）金领被机器人 CEO 替代

金领是对企业的经营管理做出决定的高级管理者。金领一定要有顶级的技能，当公司出现决策问题时，他们就可以正确地分析判断问题和决定公司运营的方向。现在，人工智能通过将大数据、云计算机、情景感知系统三者联合，在未来一定会创造出更高级的金领 CEO，这将是专家系统的更高级版本。康兰波说机器人 CEO 在专家系统里含有判断系统，与此同时，充分利用大数据和云计算机的高端技能可以使互联网和物联网设备对市场上的客户和数据进行大量收集，在更多情境下，达到感知系统的实现。但是混沌系统和专家系统相比，没有详细的引入条件，没有详细的目标去对公司运营问题和思路做出判断。混沌系统的主要作用就是给智能系统提供更多的数据，不需要告诉它应该做什么。智能系统则是“没有目标”地去思考，在它的心里勾勒着公司的发展蓝图。在这种时候，机器人 CEO 会通过自己的新知识和慧眼去给企业做出最正确的决定。

有一篇讨论人工智能的杂志写道，我们必须把人们的生命安全、身体健康和社会福利放在第一位，在发展和应用人工智能时，遵守人工智能工程伦理的最高规则。详细地说，机器人

CEO 不仅要在技术方面设计和制造得最好，还应在道德伦理方面的设计和制造达到最优。

2. 经济发展模式的转变

（1）多元化经济发展模式转变为线性发展模式

曾经的经济发展是人们喜欢哪些东西就制造哪些东西，但是也有例外，如酒。酒是食品变质发酵而来，没有人去刻意制造它。在人工智能的意识里，它们不会通过食品腐烂去制出酒供人们食用，它们只知道食品腐烂就是错的。对于人工智能来说，它最擅长的就是分析和总结，而想要预测人类的未来情况，更是难上加难。例如，伴随着人们想要出远门的愿望，制造出了汽车，在此之前人们需要想象汽车的样子。倘若人工智能发现了人们的需要，可能就不会去制造汽车而是直接为人们制造出飞机来供人们出行，以此来实现人们对便捷出行的愿望。对人工智能而言，没有人的意志左右，制造出来的可能就不是一辆车，而是一些别的产物。所以，在这样的人工智能经济系统中，人们所用的手机就不再是那种多样式和多品牌，而是一种生活方式。

（2）经济发展提速

当技术发展到一定程度的时候，人们会打破旧有的传统模式，接受新的规则来主宰这个世界，这就是所谓的技术奇点。学者杜文静认为，这个技术奇点“会导致我们和我们的后代之间产生不可逾越的鸿沟，因为到那时我们完全不能理解他们的思想与生活。就像我们现在还不能理解为什么引力接近无穷大时会产生黑洞一样”。当我们快接近这个技术临界点的时候，还会发生类似的让人无法理解的事情。人工智能的发展越迅猛，经济就会出现更短的更新周期，可能人们刚买了一款最新的手机，可是到了第二天，就会发现一款性能更好的手机摆到柜台上了。到了那时，人们可能跟不上这样的发展节奏，就变成了社会发展的看客，不能适应这样的经济发展。在科技与工程活动中，发展经济似乎已成为“硬道理”。学者戴汝为在一篇文章中讲道：“近年来，我们开始徘徊在经济和精神的得失之间。

于是人们开始思考是否应该将经济价值看作人工智能发展的唯一标准，以及应当怎样估价与人工智能活动相关的精神和文化的价值。”

（3）贫富差距加大

人工智能活跃于人类的交际网后，作为劳动力代替了不少勤奋工作的工人。少数人通过这个系统影响了无数人的生活。这些人通过这个系统为自己盈利，让自己的资本不断累积。与此同时，被淘汰的工人会变得越来越穷，导致贫富悬殊。这个时候就要有对应的法规来调节这种悬殊。

（四）人工智能对人类安全的影响

人工智能对于人类并不是完全安全的，依然存在一定的危险性及威胁性，主要体现在智能机器人的失控及对生态环境的破坏两方面。

1. 智能机器人的失控

人工智能如果继续无节制地发展下去，在未来的某个时间段就会形成类似于人类的思维能力，那时的人工智能对于人类来说就是很危险性的存在。依据当前人工智能的发展模式，人工智能的失控的关键性技术为重新编译和重组能力，这些能力的获得也就意味着人工智能可以独立编译另外的智能系统。学习系统是构建人工智能道德系统的常用方法，这种方法在运用初期，需要人为隔离人工智能在实验中出现的漏洞和错误，发展到较为成熟的阶段后，由于自身的学习系统不断完善，人工智能会自主地从人类社会或环境中不断学习，并以此来丰富自身系统，这种学习系统的完善很有可能导致人工智能在运行时绕开人类的固有设定，从而脱离人类的控制，人工智能的这种失控状态对人类来说是灾难性的。

2. 战争机器人的滥用

智能机器人因其高生存能力、高火力攻击力、高适应能力以及绝对服从性，使得它们成为战场的研究热点。各国为提高本国的国防能力，都在大力发展智能战机等战争机器人项目，但是这种发展方向与人工智能的发展初衷是相悖的，智能机器人已经脱离其保护人类的责任和使命，如果战争中出现人类与机器人的对抗，机器人出现杀害人类的行为后，必会引发一场巨大的伦理讨论，机器人的这种杀戮行为同时也是人类生存的巨大威胁。

3. 对生态环境的破坏

人类的生存离不开健康的生态系统，所以人工智能对于生态系统的保护负有相应的道德责任。人类由于自身能力上存在一定的制约因素，对于自然环境的开发一直存在触及不到的区域，同时这也是生态系统可持续发展的一种自我保护机制。但是人工智能的出现，打破了这一机制，如一直处于保护状态中的海底资源，因为深海作业机器人的开发，出现了被持续开采的可能，这对于生态环境的可持续发展无疑是毁灭性的打击，外太空环境也会出现类似的问题。除了资源无节制性开采的问题，在对资源的利用过程中，产生的大量废料也会产生新的生态污染问题。这些可能出现的对生态环境的破坏行为，都是我们在智能机器人开发和生产的过程中需要考虑的问题，工程师在不断更新先进的科技知识的同时，也需要增强自身的环保意识，并对环境伦理学深入学习和了解。

二、人工智能法律问题

（一）人工智能法律风险的定义

根据《巴塞尔新资本协议》，法律风险是一种特殊类型的操作风险，包括但不限于因监管措施和民商事纠纷解决而产生的罚款或惩罚性赔偿所带来的风险敞口。在本章中人工智能法律风险的定义为：人工智能在飞速发展中，由于弱人工智能在逐渐向强人工智能、超人工智能进化，从而让人工智能徘徊于法律边界周围甚至超出法律边界而造成的一系列法律问题，其中包含着人工智能法律风险发生的可能性及危险性，也包含着这种法律风险导致的不确定性后果。

（二）人工智能法律风险的主要形式

1. 权利责任风险

人工智能科技在加快自身的发展进程的过程中也在持续地进行自我优化，尽最大努力降低自身出现失误的可能性，人工智能的自我优化成为人工智能科技市场化、产品化的重要环节。可是，在人工智能科技社会化、产品化、普遍化的历程中，在法律方面的风险也悄然而至，其中所涉及的类似于侵权责任的状况时有发生，比如因其自身产品品质不规范而造成的侵权，同时也会出现因使用者操作不规范而造成的侵权等。这种侵权的出现督促着人们对因为侵权而产生的法律风险予以归类，这样就可以防患于未然。

（1）难以确定人工智能的法律地位

当前我国民法对于民事主体的解释是：具备独立的名义、意志、财产的自然人、法人或者其他社会组织。可是因为人工智能具备了自我学习的性能，能够在持续的学习过程中出现能够单独实施的行为，从而就无法控制、无法判断、无法预测。因为这种性能，又出现了关于在人工智能产品损害到他人权益时，能否把它当作是能够独立的民事主体，进而担负起所需要担当的侵权责任这一新问题产生的困惑。

（2）难以确定人工智能侵权行为

关于人工智能的法律地位当前并没有十分确切的答复，也无法确定人工智能是否算作侵权主体。并且人工智能在后天的持续学习的过程中具备了自主决策、自主行为的技能，无法定夺行为的最初想法，从而也就无法得出该行为是否受其算法设置者的控制。依据民法典规定，只存在违法活动以及损害事实，无法直接判断其因果关系以及主观过错的状况，是不允许让其直接承担侵权责任的。

（3）难以确定人工智能的归责原则

民法典规定的过错责任以侵权人存在主观过错为前提要件。如今，没有法律承认人工智能可以作为侵权人，即人工智能并未拥有法律意义上的主体地位，所以即使人工智能伤害他人权益也很难套用过错的责任法案来惩罚人工智能。没有相对应的人工智能的法律规则来审判也是目前的法律风险。

2. 个人信息与个人隐私泄漏风险

（1）个人信息和隐私数据的不正当收集风险

在现在的大数据时代，人工智能正在不断地以不正当的手段收集每个上网人的信息和隐私。过去，我们主要通过注册个人账户来以主动的方式被互联网收集个人信息和隐私数据，现在人工智能的生活化发展让我们的个人隐私更轻而易举地被获取，更有甚者，是在我们并不在意甚至毫不知情的情况下，人工智能就将我们个人的信息和隐私数据收取了。例如自动驾驶汽车技术，它从某种程度上可以作为人工智能收集个人信息的移动工具，这使得私家车这个原本很私人的空间，变成无论去哪里都会被记录下来的“笔记本”。

（2）个人信息和隐私数据的泄露扩散风险

在人工智能发展过程中，个人信息和隐私泄露的情况时有发生，2012 年云存储公司 Dropbox 几千万用户的邮箱账号信息被泄露；2016 年全国 30 个省份约 270 名艾滋病患者的信息也被泄露扩散，对个人生活产生了严重影响。从这些事例来看，我们的个人信息仍处于危险状态，并且对此没有相关的法律保护，个人利益受到严重威胁。隐私数据有被大规模泄露的可能，隐私权又从何而论，又该如何得到保障呢?

3. 劳动者就业风险

在当今世界，能超越人类的，也就只有未来的人工智能科技。随着强人工智能时代的到来，人类的各行各业也必将遭受一次大洗牌，劳动力市场的结构会因涌入大量高质量人工智能而发生巨大转变，原有工作岗位会大量减少，大批劳动者会面临失业。

4. 人工智能发展中著作权保护法律问题

随着人工智能的迅速发展，更多文学及艺术作品也出现由人工智能来进行创作的情况，而不是仅由人类对文学及艺术作品进行创作。对于由人工智能创作完成的作品，人们产生了相关争议，对此进行了诸多辩论，其主要争论点就在于著作权的归属。一方认为，著作权的主体角色只能由自然人担任，而人工智能显然并不属于这一范畴，并且著作权法律的保护对象应是通过大脑创作完成的作品，而不是由人工智能那种方式创作出的作品。而与之相反的是，另一方的观点认为，人工智能创作的作品应当受到著作权法律的保护，因为在人工智能对作品的创作过程中，人类实际上是参与其中的，因此在本质上人工智能的创作是人类的创作行为。著者认为，人工智能完成的作品应受法律保护并平等享有著作权，这是对人工智能相关权益进行保障的必然要求，并且是具有可行性的。但因其作品的特殊性，也应对著作权的主体进行一定明确，以便于提供更全面的法律保护。

人工智能虽然拥有“智能化”的特点，可以进行作品创作，但它功能实现的根本是“人”输入相关指令，从而进行一系列的操作，著作权的判定要明确，即著作权归为人工智能产品的“操作者”。设计和创造人工智能的人在完成产品的研发之后，会把自己的所有权转移给产品的所有者，包括和产品有关的各项权利也会转移，所以这类人无法拥有著作权。使用或操控人工智能的人，可以利用产品应用或数据输入，让人工智能创作出作品，从而产生了版权。版权的出现，使用或操控人工智能的人贡献了很大力量，理所应当拥有著作权。这样的话，不仅有关作品的著作权得到了相应保护，还解决了著作权的归属问题，保护了操作者一方的权益。在著作权的归属问题上，还要充分考虑人工智能创作作品的特殊性，所以在对作品进行署名时，要清楚指出作品由人工智能创作完成，表达对软件设计开发者的尊重，也更好地和人类创作的作品划分开，防止不合适、不合理的使用情况出现。

（三）人工智能法律风险的解决途径

1. 侵权责任风险的解决途径

人工智能侵权行为的责任划分的讨论是建立在其智能程度所占法律意义上的主体地位的多少上，所以我们需要对人工智能的智能程度进行不同情况下的分类讨论。

（1）弱人工智能

弱人工智能的智能化程度较低，只是具备一定固定程序设定上的预算能力，这类人工智能产品不具有自主意识，只是人类工作过程中的辅助工具。基于这种情况，这类人工智能不具备法律意义上的主体地位，这类产品与传统的产品在本质上没有很大的区别，大数据技术没有实现全面的应用，产品的智能程度处于十分低级的阶段。这类产品在产生侵权行为后，第一责任人应优先考虑使用者，若经核实使用者确有相关行为，则负主要责任，若使用者并无侵权行为，则应追究生产方与销售方的相关责任。也就是说，当人工智能产品产生侵权行为时，定责时应遵循“谁侵权谁担责”的基本原则。

（2）强人工智能和超人工智能

人工智能通过学习技术的深化就会具备类似于人类主观能动性的一些能力，如数据分析、技能学习、信息处理、独立决策等能力。人工智能发展到这种程度后，已经与传统的产品有了本质上的区别，此时的人工智能已经具备不同程度的法律主体地位，这类人工智能产品需要分为强人工智能和超人工智能两种类型分别进行讨论。二者相比，强人工智能的智能化程度相对较低，因此法律主体地位相较于超人工智能也相对较低，所以此类人工智能产品出现侵权现象时，责任主体应为设计者和研发者，使用者只是基本监管职责，若无相关侵权事实，并不需要承担侵权方面的责任。超人工智能产品因为其高度智能化，在法律中具备完全主体地位，所以此类人工智能产品出现侵权时，使用者完全不需要承担责任，相应的侵权责任应由研发人员或团队与超人工智能产品共同承担。

2. 个人信息与个人隐私泄漏风险的解决途径

（1）明确个人信息与个人隐私的保护范围

在民法典中对隐私权和个人信息的内容分别给予了详细的规定。个人信息和个人隐私并未被等同，而是对个人信息的定义加以扩展。将这样的定义明确，能辅助我们更好地保护个人隐私，我们更应该明确它们受保护的范围。

（2）完善个人信息与个人隐私保护的法律体系

目前，我国对个人信息和个人隐私的保护还没有完善的相关法律体系。近年来，国家对公民个人信息和隐私权的保护意识才逐渐增强。国家在面对如今的实际情况，应该有针对性地建立相关法律体系，制定相关法律时应当针对当前具体情况，做出符合基本事实的决定。在此过程中，对以下重要事项要加强考虑：在用户的同意机制方面应不断进行完善，也就是说在正当使用公众信息时，要取得个人的充分同意，并且要对公众公开说明相关信息的使用及用途。因此，对于数据控制者来说，想要对用户信息进行相关处理，就必须经过本人的同意和认可。这样一来用户就能享受更多的合法权利，比如对信息使用的知情权以及拒绝权等，泄露个人信息的风险也会大大降低。

（3）提高个人对于自身信息和个人隐私的掌控能力

在如今人工智能愈加产品化、市场化及普遍化的情况下，个人信息和隐私呈现出持久性和易得性等具体特点。关于个人信息的泄露问题，主要解决方式就是法律，法律可以给予自然人更大的掌控权，利于最大程度地掌控个人信息和隐私，加强对个人信息和隐私的保护。当自然人正当合理地行使这种掌控权时，一方面，没有人有权利干涉和拒绝；另一方面，人工智能对个人信息和隐私的控制强度也会被削弱。这样我们就能对个人信息和隐私进行有效控制，并且主动防御。

3. 劳动者就业风险的解决途径

对资本家来说，会站在利益的角度考虑，随着更多人工智能的出现，劳动者的劣势就会更加明显。所以，如果劳动力市场中出现大量高质量人工智能时，对于劳动者来说，运用法律手段来维护自身利益是非常必要的。在这种情况下，法律的制定要对劳动者自身的工作稳定性高度重视，并且在劳动者和资本方之间要进行有效协调。

对于劳资关系来说，在人工智能出现之前，也仅仅是不发生矛盾，和谐共处。但随着人工智能的发展，进入人工智能时代后，我们应当对和谐价值进行改造和完善。这对于劳动者来说，也能降低人工智能对其不利的影响。这种和谐应该成为“命运共同体”，在劳动者和资本方之间对利益进行有效协调。在制定相关法律时，应该从劳动者和资本方的两个角度考虑，充分尊重劳动者的地位，把人工智能放在合作工具的角色上，肯定劳动者的价值。完善这种和谐价值，有利于劳资双方达到共赢的局面：劳动者通过对人工智能的不断学习和利用，为资本方提供更好的服务，同时也能提高自身能力，完善自我价值；而从资本方的角度来看，也有很多好处，比如可以通过人工智能实现成本的降低，同时又能最大程度地对劳动者的服务实现有效利用。

第四节　人机共生与价值共创

一场以人工智能的迅速发展为具体表现的重大技术变革正在展开，这场“智能革命”因其广泛且开放的技术特质将是一场史无前例的社会大变革，对于社会发展，人工智能已从各个角度进行全方位的渗透，与多个行业融合发展，随着各类“智能+”的广泛使用，各行各业都被人工智能所影响，得到了全新的发展动力。而社会信息系统作为技术变革中的主导，人工智能最先被应用的就是在新闻传媒业这一领域，进行智能化的转型是十分必要的，是当前媒体与人工智能进行深度融合的关键。在这一过程中，智能机器成为社会信息系统的行动主体，参与到新闻生产、分发及消费等各个环节并产生重要影响。智能机器深度参与了新闻媒体业务链的全过程，对新闻传媒业的格局及主体生态起到了变革作用，在此过程中，对新闻生产和传播模式进行了业务操作的改造，并且对传统新闻从业者的主体地位和主观能动性进行了重建。

人工智能的迅速发展给我们也带来了新的挑战，人与机器之间的关系同过去相比也发生了根本改变，新的人机关系如何正确处理与对待是新闻传媒业智能化转型升级过程中的重要问题。也就是说，为了新闻传媒业的智能化转型能向更高质量发展，对于新型的人机关系就要更好地去调整适应，促进人机生态向和谐方向发展。因此，本节内容以人机关系在智能媒体领域中的颠覆性变革为落脚点，对当前新闻传媒业产生新风险的根本原因进行进一步分析，并借鉴参考管理学研究中的价值共创理论，探索智能媒体在未来发展过程中、在人与人工智能的关系网络中，尝试建设一条新的可行的路径。

一、智能媒体趋势下人际关系的新样态：人与智能机器融合共生

人除了与自然和人之间存在关系外，还存在第三种关系，也就是人与机器之间的关系。人与机器的关系在不断进行着技术更新的新闻传媒业中，会出现不一样的样态。当前，新闻工作者面对的人工智能与以往的机器是有区别的，人工智能存在一定程度的拟主体性，不再是完全客观存在的辅助性工具，所以就形成了全新的人机关系，这种关系在生态学中可以用共生理论来进行更为贴切的解释：既相互依存又相互竞争的合作竞争关系。

（一）来自智能机器的拟主体性挑战

人类对于人机关系的思考并不是只存在于现代社会中，对于人的主体性的讨论早在很多久远的哲学思考中就有所体现，如古希腊哲学家普罗泰戈拉为强调人的主观能动性而提出的“人是万物的尺度”。在哲学领域中，具有能动性的被称为主体，反之，则被称为客体。客体一般为被动的，主体因其能动性，在系统中一般处于主导地位。在以往的社会生产活动中，机器被制造出来的主要目的是辅助人类利用自然、改造自然，强化人类的各种能力。此时的人与机器的关系中，人是主体，处于绝对的主导地位，机器只是依附于人类的客体工具。但是随着人工智能的出现，通过对深度学习技术的不断发展，这种清晰的主客体关系正逐渐变得不明朗起来，变化趋势主要体现在两个方面：一是智能机器进一步深化了新闻生产传播的自动

化程度，智能机器在新闻行业的独立性逐渐增加，在部分环节中可以实现“无人”操作，人在新闻实践活动中的参与度越来越低；二是智能机器是对人类大脑功能的延伸和拓展，人工智能应用程度相对成熟的领域，已出现了一定程度的拟主体性，这是以往的普通机器所不具备的。

现在新闻实践活动中的各个环节都离不开人工智能，不管是信息采集还是新闻的生产、分发和呈现的过程，以及用户的管理和服务过程，都体现出了人类与人工智能的深度交互性，人与智能机器之间正在形成一种作为共同主体的新的生态系统。但这并不意味人工智能已经可以完全代替人类的主体地位，只是其显现出的“拟主体”性需要得到我们更多的重视。人工智能的迅速发展使得人与机器之间的主客体的寄生关系有了一定的倾斜，智能机器在新闻传播中越来越向决策者的方向发展。

（二）人与智能机器既相互依存又相互竞争的共生共荣

面对逐渐具有一定拟主体性地位的智能机器，共生理论为理解人与人工智能的关系问题提供了更深刻的理论视角。德国学者安东·德巴里对“共生”概念给出的定义是“不同名的生物共同生活在一起”，此后的生态学家将生物共生与生物演化联系在一起，认为共生是推动生物演化的原动力。在共生关系中，生命体之间既相互依存，也有相互争夺生存空间和养料的生存竞争。在智能媒体时代，人与人工智能创造物之间既依存又竞争的共生关系正在悄然形成。

1. 人与智能机器相互依存

一方面，人对智能机器的依赖程度不断加深。智能机器在社会信息系统中发挥的作用越大，人对机器的依赖程度越高。人工智能正在嵌入新闻生产传播的方方面面，并展现出强大的效率与效能。它一再突破传统新闻从业者身体的时空限制，以超大的数据存储容量、超强的计算速率和准确性，以及多样化信息传播形态的呈现，延展了人类能力的边界。伴随着数字化、网络化、智能化的互联网逐渐下沉为整个社会的基础设施和操作系统，大数据和智能算法正逐步成为新闻传媒业中最关键的生产要素，作为生产者的新闻从业者对其依赖程度大大加深。

另一方面，智能机器尚不能脱离人而独立存在。当前人工智能的发展与应用仍处于弱人工智能阶段，即智能媒体应用的是尚不具备人类智能的通用性，是缺少自由意志和反思能力的智能体。技术发展的阶段性特征使人的主体性地位依然显著：智能机器的目标由人设定、设计，测试由人来完成，人始终致力于保持对智能机器的干预与控制。换句话说，无论智能机器的自主化程度如何高，它依然处于人的控制之下，只不过这种控制不再是工具性奴役与驱使。

简而言之，人与智能机器的主客体界限和二元对立关系在不断消解，新闻从业者原有的主体性价值将通过智能机器的具体操作来实现，建构出“复合型共同主体”。

2. 人与智能机器相互竞争

人与智能机器在依存的同时，又存在着进化取代的竞争。日益成熟的智能机器已经能够实现对重复性、标准化程度高的人工岗位的替代，而对部分需要创造力和社交能力等专属人类特质的岗位，也展现出了一定的替换趋势。在新闻生产传播的特定环节中，智能机器替代传统新闻从业者的趋势也有所强化。例如，智能机器写作已经进入常态使用，智能算法取代传统人工编辑接管信息分发等。

当然，智能机器的智能模拟仍旧是局部模拟，不可能实现真正意义上的完全替代。人类正是在与人工智能的竞争中不断看到智能机器的优势和自身的劣势，从而在贡献自己所长的同时弥补自我不足。这就是所谓的共生共荣，即在竞争中共同进化。

二、智能媒体建设中新闻伦理的新挑战：技术逻辑对专业价值的僭越

在人际关系发生变革的智能媒体场域中，机器正在作为行动者（而不是工具）或者“拟主体”直接参与到新闻传播各环节，人与智能机器既相互依存又相互竞争的共生形态在为新闻

传媒业释放新的发展动能的同时，也冲击了传统新闻从业者的职业主体地位，给新闻伦理价值规范带来新的风险与挑战。

随着人工智能在各业务环节中发挥着愈发重要的作用，从新闻生产到新闻分发再到新闻消费，数据霸权、算法独裁、虚实模糊等新问题逐渐凸显，而这些新闻伦理困境的根源正在于新兴的以人工智能为代表的技术逻辑对传统的新闻专业价值规范的消解与僭越，是技术中心主义思维下对专业价值的忽视。

（一）新闻生产：新旧生产力转换中数据霸权扩张

智能媒体成长于数字经济的发展，受益于新闻传媒业与其他高新技术产业之间的联动效应。因此，新生产力与旧生产力的转换并不是单一的产业或者技术转换，而是需要依靠服务业、信息业等产业形成一个完整的技术生态系统。这种通过深度整合的模式被称为技术融合，表示通用技术向不同产业扩散并被普遍应用的过程。这也恰好呼应了互联网出现后传媒产业边界消弭的基本趋势。

数据在深度融合的技术生态系统中是生产要素的关键，它支撑着智能媒体的生产与运行。数据无处不在，不论是内容供给侧洞察、用户洞察、市场洞察还是对渠道以及场景的分析等，数据都发挥着预测、控制的全面性功用，使得信息传播的整个过程都处在数据的驱动下。

大数据的应用、人工智能的兴起虽然给新闻从业人员的工作带来了极大的便利，但也改变了他们多年以来形成的职业习惯，打破了新闻生产的工作常规。原本的“策略性仪式”能够简化日常工作，以及在受到质疑时提供有效的职业辩护，然而当面对外生的技术变量时，编辑记者的业务流程和专业思维等常规“仪式”被扰乱。在平台经济的语境中，媒体劳动者和提供“原料”的用户时常处于被支配地位，而代表资本力量的平台组织充当了数据“加工厂”，实现从要素向商品的转换和流通，形成数据富有者对少有者的控制，即数据霸权。

（二）新闻分发：新旧话语权博弈中警惕算法独裁

话语权即表达话语的权利。利用算法代替人工对新闻进行编辑、分发，是对话语权以及信息传播秩序的重置。其中话语权所指代的主体既是人力与新机器，也是传统的主流媒体与新兴的网络平台。新旧两股势力的相遇，必然会引发一系列的问题，比如话语权由谁支配、人工智能由谁控制等。自从智能机器被大范围地普及应用，人们被算法支配的情况愈演愈烈，算法开始影响人们的决策行为，这种被算法操纵的现象被称为“算法独裁”。

在传统媒体时代，新闻机构是信息传播的把关者，会对将要传播的信息进行筛选，选出符合社会规范和价值的信息，之后将这些信息送入传播渠道。在很长一段时间里，为公众筛选有价值的信息、向公众提供特定的信息是新闻从业人员的主要职责。然而，随着时代的发展，在算法推荐系统下，新闻机构把关人这一角色逐渐被弱化甚至是被淘汰。处在智能算法时代，所有信息推荐都是算法过滤选择的结果，因此算法成为信息传播的最终把关人。

由于“新闻机构-平台媒体-用户”模式的确立，使得新闻选择的权利不再专属于传统新闻机构，而是逐渐过渡到平台媒体身上，原本处于新闻传播核心地位的传统新闻机构渐渐被边缘化，而平台媒体开始活跃在新闻生产、传播的权力中心。站在市场的角度来看，新闻信息的流向是被算法控制的，平台通过算法进一步控制了媒体市场，平台已成为各个新闻机构之间竞争的主要战场，算法则是分配能见度的主宰权力。

（三）新闻消费：新旧价值链竞争，虚实边界模糊

新技术带来新的价值创造方式，从传统媒体、新媒体到智能媒体的升级分别体现了实体和虚拟两种价值链形态的竞争，并且后者已成为主流趋势。原本的价值链分析框架建立在物质流的基础上，数字经济的崛起使得信息技术资源所具有的价值创造力充分凸显，虚拟价值链的概念应运而生，用以表示支持实体价值链的信息流。在此基础上，智能技术带来的实体价值链与虚拟价值链交替，重组了新闻从业者长期依赖的行业标准，尤以受众交互行为的加入最为突出。人工智能时代，大数据挖

掘和分析技术能够实时捕捉用户关于特定新闻的态度和反应，生成的反馈数据往往取代了专业标准，成为评价新闻价值的标准。而这些评价标准往往缺少对真实情况与可信程度的评估，受众偏好、心理的变化都有可能带来拟态环境的畸变。

与此同时，智能影像技术的应用带来场景化、多感官的媒介接触方式，场景要素和感知体验成为生产者连接受众的着力点。可视化技术对新闻真实带来了新的挑战：有时候，机器或采编团队在画面中被隐去可能会造成一种“无人在场”的伪真实；受众以个人身份进入沉浸式新闻，凭借自己既往的认知经验感受现场，其结果可能会削弱客观事实的力量。

概而言之，上升到整个新闻消费趋势，虚拟与现实的边界越发模糊，人工智能导致新闻的真实性问题愈发凸显，新闻的虚假、反转和后真相成为人工智能时代新闻伦理的“重灾区”。

三、智能媒体发展中践行人机共生的新路径：基于价值共创的整合视角构建新型人机生态

正在发展的技术变革与应用揭示出人工智能与新闻传媒业的深度融合已成为不可阻挡的趋势与潮流，未来的媒体深度融合发展必将使人与智能机器共生共荣。那么，如何避免逐渐具有虚拟主体地位的智能机器的技术权力与技术逻辑对新闻从业者主体地位与专业价值的异化，实现新闻从业者与人工智能的和谐相处呢？管理学研究中强调多个社会经济参与者互动整合而共同创造价值的价值共创理论，为思考新闻从业者与智能机器的交互共存之道提供了有力的工具：从构建智能媒体场域中人与人工智能间有机整合和良性互动的价值网络关系出发，既要坚持以人为中心，设定好人工智能应用的边界，又要发挥好人的主观能动性，从治理制度建设、组织资源交换、个人能力提升等多层面搭建人机协作长效机制。

（一）价值共创视角强调主体间有机整合和良性互动的价值网络关系

企业战略与营销管理的核心问题就在于价值创造。通常认

为价值只能由生产者创造，消费者消耗价值。但随着市场竞争环境的不断变化，价值不再是单一地由生产者一方创造，而是转变为由生产者和消费者双方共同创造，主体发生了变化。价值共创的不断发展体现了通过社会经济实现资源整合和服务交换的重要性，对于构建价值网络提供了更多角度，有利于和谐良性互动的价值网络的建立与发展。

而对于价值网络的构建来说，一个多主体有机整合和良性互动的价值网络至少应包含两个维度：首先就是要善待机器。在当今社会中，对人工智能仍然存在一些认知误区，主要以“人工智能威胁论”为典型代表，这些认知误区不可避免地会产生对人工智能的担忧心理，甚至可能会有敌视态度的出现，这种情况极易加剧人机冲突，并且对人工智能的发展产生极大阻碍，不利于技术的进步与完善。人工智能并非一定是站在人类的对立面，想要实现人机合作，就要消除对人工智能的误解，友好相处。其次是善待人类自身。无论未来智能媒体如何发展，对于人工智能的运用都应坚持以人为本，以为人类服务为最终目的，坚持人机之间和谐共处的发展理念。智能机器本就是为了能更好地服务人类，不是为了超越人类，因此人工智能应该坚持初心，坚持以人为本的发展道路。

（二）规范人工智能的应用边界，确保智能媒体的发展以人为中心

技术的发展需要伦理的介入与匡正。技术求真，伦理求善，技术是为了获得真知，而伦理则是帮助人们寻求安身立命的途径。德国的著名社会学者马克斯·韦伯曾提出“价值理性”和“工具理性”的概念，后者强调行为是建立在目的与后果的导向基础之上的。由于智能媒体可以利用算法与大数据分析，在传播实践中以最快的速度找到最好的方案，因此具有显著的工具理性特征。如果为了获取个体利益而滥用技术优势，那么就会极易忽视价值理性中的伦理。未来，为了平衡“价值理性”与“工具理性”二者之间的关系，必须规范人工智能的伦理建设，加强技术的人性关怀以及人本思考。

人工智能伦理对科技行业的技术向度以及利益的局限有着直接影响，它是二者纠偏的重要保障。从人工智能在新闻传播领域的实际需求出发，结合人工智能的通用准则，其在应用时需要注意以下两点：其一，人是新闻传播的中心，人工智能的算法必须是可解释的，人类建立高度透明的智能系统旨在提升自身对信息的生产以及传播能力，确保对系统的有效控制；其二，必须遵循人类基本的伦理价值观，基本的伦理价值同时也包括科技向善的价值取向，人工智能系统的最终行为需要尊重新闻传播的专业价值规范，保障人们最基本的权益。

（三）发挥人类主体主观能动性，从社会-组织-个人多层面搭建协作机制

随着智能媒体的快速发展，仅靠被动划定智能技术应用的边界，远远无法满足智能机器进行良性交互的需求，这需要在智能媒体场域中，从宏观到微观多个层次地构建智能机器的协作机制，充分展现人类主体的主观能动性。

在宏观社会层面，加快智能媒体的治理制度体系建设。在智能媒体的发展过程中，不可避免地会出现一些共性问题，为了更好地解决这些问题，需要凝聚全社会的力量，为智能媒体的治理以及社会制度的建设营造一个良好的社会环境。在构建智能媒体的治理框架，引导人工智能发展方面，可以通过多元建设主体的交流合作，比如新闻媒体组织、政府部门、互联网企业平台等，加强主体间的理解与信任，促进智能媒体治理规则意识的达成。在此基础上，要利用好法律法规，针对多元主体的关键环节制定相关的规章制度，并对其进行完善，从而促进智能媒体的高质量发展。

在中观组织层面，加强新型主流媒体与技术平台企业的资源交换。与主流媒体的新闻职业精神和社会责任相比，商业属性的智能媒体基本上是以盈利为最终目的，它与网络公关空间存在一定的利益冲突。无论是传统的主流媒体还是网络平台企业，都要从多个层面积极开展合作，比如技术层面、内容层面以及人才层面等，促进内容生产者与算法工程师之间的沟通与

交流。此外，需要重点关注的是数据资源的共享。总而言之，商业属性的平台和主流媒体要相互促进、相辅相成，共同为智能媒体技术的发展传播正向价值。

在微观个人层面，提升新闻从业者的技术素养与能力。传统的新闻从业人员在面对人工智能时，既不能过度依赖，也不能墨守成规，而是要坚守新闻从业人员的职责与使命，使人工智能承担起建设智能媒体的作用。新闻从业人员要树立活到老、学到老的终身学习观念，通过不断地学习，汲取新的知识，提升自身的职业素养与专业技能，在人工智能兴起的时代做到人机互补、共创价值。随着《提升全民数字素养与技能行动纲要》印发，新闻媒体领域迎来了改革，新闻媒体从业人员的技能培养与数字技术素养也迎来了全新的挑战。

参考文献

[1] 严璐，吴斌. 人工智能浪潮袭来，新闻写作的突破与选择 [J]. 城市党报研究，2023（5）：35-39.

[2] 岳宝彩. 人工智能在新闻传播中的融合应用、影响及应对策略：以 ChatGPT 为例 [J]. 北京印刷学院学报，2023，31（4）：13-17.

[3] 刘娜，王长潇. 人工智能新闻主播的属性特征与发展进路 [J]. 中国编辑，2023（4）：87-91.

[4] 王涛. 人工智能语音新闻的发展与应用 [J]. 电视技术，2023，47（3）：164-166.

[5] 宋扬. 人工智能时代新闻伦理教育模式路径探索 [J]. 新闻研究导刊，2023，14（5）：26-28.

[6] 黄金. 人工智能对新闻业的重塑及问题 [J]. 西部广播电视，2023，44（4）：43-45.

[7] 段永光. 人工智能在新闻内容生产领域的应用研究 [J]. 传播与版权，2023（3）：1-4.

[8] 谢宜东，刘奕琳. 人工智能新闻写作的著作权认定研究：以人工智能写作领域第一案为例 [J]. 汉字文化，2022（S1）：284-285，288.

[9] 王凯. 人工智能环境下新闻编辑能力及价值重构 [J]. 中国报业，2022（23）：112-113.

[10] 李子甜. 工具性收益与系统性风险：新闻从业者的人工智能新闻技术认知 [J]. 新闻大学，2022（11）：29-42，117.

[11] 陶乾. 论智能新闻的法律保护模式 [J]. 中国编辑，2022（10）：30-35.

[12] 付玉，黄梦然. 新文科背景下人工智能与新闻传播教育深度融合的路径探索 [J]. 传播与版权，2022（9）：90-93.

[13] 刘宝珍，王琳. 人工智能在新闻领域的传播优势、隐患及对策 [J]. 中国传媒科技，2022（7）：73-77.

[14] 胡艳红，李鑫垚. 新闻价值链视角下人工智能在新闻生产中的问题及对策研究 [J]. 三峡大学学报（人文社会科学版），2022，44

（4）：89-92，116.
［15］丁小凤. 人工智能在新闻传播领域的应用研究［J］. 中国传媒科技，2022（4）：59-61.
［16］刘彬. 人工智能下新闻采编职业素养与能力提升研究［J］. 新闻潮，2022（4）：15-17.
［17］杨士民. 人工智能时代算法新闻的著作权保护［J］. 出版广角，2022（4）：77-81.
［18］格日勒图. 人工智能下电视新闻采编的融合与创新策略［J］. 新闻传播，2022（4）：62-63.
［19］冯灼兰. 人工智能新闻传播侵权法律救济规则的选择：以“卡-梅框架”为分析视角［J］. 科技与法律（中英文），2022（1）：45-52.
［20］丁继珂. 人工智能机器人新闻作品著作权归属问题的探讨［J］. 中国新通信，2021，23（24）：87-89.
［21］方嘉. 人工智能出版环境下的新闻自由与伦理失范现象研究［J］. 新闻爱好者，2021（11）：80-82.
［22］池银花. 人工智能时代新闻记者面临的挑战及应对策略［J］. 中国地市报人，2021（11）：35-36.
［23］陆华清. 论人工智能新闻的法律规制［J］. 社科纵横，2021，36（5）：150-154.
［24］张静. 人工智能新闻采编模式的认知科学哲学探究［J］. 中国广播电视学刊，2021（8）：33-36.
［25］金洪旭. 论人工智能对新闻传媒业的变革［J］. 传播与版权，2021（7）：62-64.
［26］王心彤. 人工智能时代智能新闻著作权探析［J］. 科技传播，2021，13（14）：81-83.
［27］杨保军. 再论“人工智能新闻生产体”的主体性［J］. 新闻界，2021（8）：21-27，37.
［28］于姣博. 试论人工智能写作技术对新闻传播行业的影响［J］. 汉字文化，2021（12）：166-167.
［29］尹卫东. 人工智能在新闻媒体中的应用［J］. 西部广播电视，2021，42（10）：211-213.
［30］张静. 人工智能冲击下的新闻伦理失范问题与对策［J］. 传媒，2021（9）：94-96.

[31] 孟笛，柳静，王雅婧. 颠覆与重塑：人工智能时代的新闻生产 [J]. 中国编辑，2021 (4)：21-25.
[32] 张梦，陈昌凤. 智媒研究综述：人工智能在新闻业中的应用及其伦理反思 [J]. 全球传媒学刊，2021，8 (1)：63-92.
[33] 赵熙敏，任志明. 人工智能时代新闻记者的能力挑战与价值重塑 [J]. 传媒，2021 (5)：41-43.
[34] 白月. 人工智能视域下新闻节目主持人的创新发展 [J]. 西部广播电视，2021，42 (5)：165-167.
[35] 李健. 人工智能与新闻采编的融合与创新 [J]. 新闻世界，2021 (2)：22-24.
[36] 张琰. 人工智能与新闻采编的融合与创新分析 [J]. 西部广播电视，2021，42 (2)：30-32.
[37] 封婉仪. 人工智能时代新闻伦理的解构与重塑 [J]. 新闻世界，2021 (1)：76-78.
[38] 闫旭凤. 人工智能新闻写作的不足及发展策略 [J]. 青年记者，2020 (32)：8-9.
[39] 刘彦鹏，毛红敏. 人工智能重塑新闻生产：量化转向、价值扩展与体验升级 [J]. 中国出版，2020 (20)：24-28.
[40] 冯云雪，孙文红. 人工智能新闻的含义及法律界定 [J]. 新闻潮，2020 (9)：8-10.
[41] 王睿. 作为传播者的人工智能：自动化新闻业中人机角色的再认识 [J]. 东南传播，2020 (9)：1-4.
[42] 齐伟，袁帅，冯云雪. 人工智能新闻著作权与信息网络传播权的法律保护 [J]. 武陵学刊，2020，45 (5)：69-75.
[43] 农青静. 人工智能在新闻采编中的融合与应用 [J]. 声屏世界，2020 (17)：15-16.
[44] 胡钰. 正确面对人工智能新闻业的崛起 [J]. 青年记者，2020 (24)：4.
[45] 冉世友. 人工智能新闻生产背景下记者角色的嬗变 [J]. 电视研究，2020 (8)：70-72.
[46] 宋苗. 基于 5W 模式浅析人工智能对新闻伦理的解构与重构 [J]. 科技传播，2020，12 (11)：153-156.
[47] 郭思佳. 人工智能时代的新闻伦理困境与引导 [J]. 传播与版权，2020 (5)：8-10.

[48] 於春. 传播中的离身与具身：人工智能新闻主播的认知交互［J］. 国际新闻界，2020，42（5）：35–50.

[49] 白灿明. 人工智能背景下新闻伦理失范现象研究［J］. 记者摇篮，2020（5）：129–130.

[50] 袁馨. 人工智能视域下新闻内容生产变化与反思［J］. 出版广角，2020（5）：68–70.

[51] 徐建东. 人工智能与新闻采编的融合和创新［J］. 新闻研究导刊，2020，11（5）：156–157.

[52] 张波. 人工智能新闻出版的监管难点与优化路向［J］. 编辑之友，2020（3）：35–40.

[53] 王晶晶. 浅析人工智能发展背景下新闻业的机遇与风险［J］. 新闻研究导刊，2020，11（4）：193–194.

[54] 文希. 人工智能新闻著作权归属问题及保护路径［J］. 青年记者，2020（5）：75–76.

[55] 万婧，张志强. 人工智能视角下的建设性新闻实践：以《纽约时报》为例［J］. 国际传播，2020（1）：24–33.

[56] 管梦瑶. 人工智能背景下新闻传播业态的发展［J］. 新闻研究导刊，2019，10（24）：130–131.

[57] 文国友. 人工智能下新闻媒体的转型发展思考［J］. 中国传媒科技，2019（12）：23–25.

[58] 李超，李雅林. 人工智能引发的新闻传播伦理失范问题［J］. 城市党报研究，2019（12）：31–33.

[59] 张俊发. 人工智能新闻的著作权保护［J］. 山东科技大学学报（社会科学版），2019，21（6）：51–58.

[60] 蒋晓，韩鸿，兰臻. 中国语境下的人工智能新闻伦理建构［J］. 社会科学文摘，2019（10）：14–16.

[61] 齐小英. 基于 NLPIR 的人工智能新闻事件的语义智能分析［J］. 信息与电脑（理论版），2019，31（20）：104–107.

[62] 覃琴. 人工智能与新闻采编的融合与发展［J］. 新闻研究导刊，2019，10（20）：147–148.

[63] 牟向前，王庆军，俞鹏飞，等. 人工智能时代体育新闻生产与接受面临的挑战及应对策略［J］. 山东体育学院学报，2019，35（5）：37–43.

[64] 葛方度. 人工智能语境下新闻编辑室的变与不变［J］. 青年记者，

2019（28）：45-48.
［65］吴蔷茵. 人工智能与新闻采编的融合问题与对策分析［J］. 电视技术，2019，43（19）：1-2，7.
［66］黄国春. 人工智能新闻写作的路径探析［J］. 出版广角，2019（15）：65-67.
［67］郭晶，崔家勇. 专用人工智能在新闻业的应用领域、关键技术与研发模式［J］. 科技与出版，2019（8）：77-82.
［68］冉义. 人工智能背景，如何重新思考人的价值定位：以新闻记者为例［J］. 人力资源，2019（12）：61-62.
［69］刘莹. 人工智能和大数据在新闻媒体中的应用［J］. 传播力研究，2019，3（20）：260.
［70］王军，杨美杰. 智能新闻著作权问题探究［J］. 青年记者，2019（19）：70-73.
［71］李慧敏. 谁该为人工智能新闻的伦理失范负责？［J］. 新闻战线，2019（12）：105-107.
［72］李政. 人工智能时代新闻记者的价值定位［J］. 出版广角，2019（10）：61-63.
［73］蒋晓，韩鸿，兰臻. 中国语境下的人工智能新闻伦理建构［J］. 西南民族大学学报（人文社科版），2019，40（6）：151-158.
［74］韩钦. 新闻机器人国内外发展比较研究［J］. 出版参考，2019（6）：33-36.
［75］赵子鹤. 人工智能时代新闻生产流程的重构与革新［J］. 传播力研究，2019，3（15）：266.
［76］周飞飞. 人工智能在新闻业的发展与对策研究［J］. 传媒论坛，2019，2（8）：145.
［77］白云. 人工智能对新闻受众的影响［J］. 新闻研究导刊，2019，10（8）：67-68.
［78］张亮. 人工智能时代新闻生产的流程再造［J］. 出版广角，2019（3）：40-42.
［79］潘聪. 人工智能背景下新闻传播的变革与反思［J］. 科技传播，2019，11（2）：65-66.
［80］谢雨湘. 人工智能对新闻业的影响及思考［J］. 传播力研究，2019，3（9）：243.

图书在版编目（CIP）数据

人工智能时代下的新闻生产与传播研究 / 廖艳琼, 朱洲, 曾理著. — 长沙 : 湖南科学技术出版社, 2023.10
ISBN 978-7-5710-2504-5

Ⅰ. ①人… Ⅱ. ①廖… ②朱… ③曾… Ⅲ. ①新闻学—传播学—研究 Ⅳ. ①G210

中国国家版本馆 CIP 数据核字(2023)第 186604 号

人工智能时代下的新闻生产与传播研究

著　　者：廖艳琼　朱　洲　曾　理
出 版 人：潘晓山
责任编辑：缪峥嵘
出版发行：湖南科学技术出版社
社　　址：长沙市芙蓉中路一段 416 号泊富国际金融中心
网　　址：http://www.hnstp.com
湖南科学技术出版社天猫旗舰店网址：
http://hnkjcbs.tmall.com
邮购联系：0731-84375808
印　　刷：湖南省汇昌印务有限公司
（印装质量问题请直接与本厂联系）
厂　　址：长沙市望城区丁字湾街道兴城社区
邮　　编：410299
版　　次：2023 年 10 月第 1 版
印　　次：2023 年 10 月第 1 次印刷
开　　本：710mm×1000mm　1/16
印　　张：13.75
字　　数：187 千字
书　　号：ISBN 978-7-5710-2504-5
定　　价：78.00 元